Le terre/Interventi
72

I edizione: febbraio 2004

Via Isonzo 42, Roma

Grafica di copertina: Maurizio Ceccato

ISBN: 88-8112-506-4

www.fazieditore.it

Lapo Pistelli - Guelfo Fiore

Semestre nero

Berlusconi e la politica estera

prefazione di Lucio Caracciolo

Fazi Editore

Prefazione

L'Italia non ha mai contato meno in Europa. Questo libro ci aiuta a capire perché. Lo fa in modo brillante e insieme analitico. Certo, è un libro di parte. Gli autori non nascondono il loro punto di vista, esplicito anche nel titolo. Ma molte delle osservazioni contenute in questo documentato studio echeggiano giudizi di media non solo italiani e non certo di centrosinistra. Al di là della posizione dell'osservatore, il problema della nostra debolezza esiste. E tocca tutti noi.

Questo volume si concentra sui sei mesi di presidenza italiana dell'Unione Europea. Ma forse può essere utile allargare lo sguardo, sia pure sinteticamente, alla più generale performance di politica estera e segnatamente europea dei governi italiani degli ultimi anni, compresi quelli di centrosinistra. Perché le radici del declino italiano sono purtroppo molto più profonde di quelle emerse nel "semestre nero". Conviene perciò distinguere fra cause ed errori occasionali, di cui è responsabile anzitutto questo governo, e ciò che di più strutturale impedisce all'Italia di proteggere i propri interessi in Europa e nel mondo per quel che potrebbe. Poiché il libro si diffonde soprattutto sul primo genere di problemi, quelli legati a Berlusconi e al suo esecutivo, vorrei qui insistere piuttosto su alcune ragioni profonde della fragilità italiana nella competizione europea e più generalmente internazionale. Forse fra un paio d'anni l'Italia avrà un governo diverso, o forse gli elettori daranno ancora fiducia al centrodestra. Ma sarà bene sapere che comunque, in futuro, non basterà certo cambiare governo per colmare il nostro deficit di credibilità internazionale. Senza l'impegno complessivo del nostro sistema sociale e politico, soffriremo ancora di una buona parte dei mali emersi nel "semestre nero".

Concentriamoci anzitutto sulla debolezza del nostro sistema politico. Siamo una grande democrazia, certo, ma senza un vero e proprio sistema partitico. Tutti gli altri grandi paesi europei lo hanno, noi l'abbiamo distrutto con la fine della Prima Repubblica, senza sostituirlo con uno nuovo. Fino agli inizi degli anni Novanta i grandi partiti storici della Prima Repubblica – democristiano, comunista, socialista – erano parte di una vasta rete europea e internazionale. Oggi abbiamo a che fare più con residuati in sedicesimo di quei partiti che con nuove formazioni politiche, integrate in omologhi schieramenti internazionali. L'unica grande novità, Forza Italia, è il partito personale di Berlusconi, e come tale è percepito in Europa e nel mondo. Ciò accentua il provincialismo della nostra classe politica. L'evidente rifiuto dei maggiori leader europei di considerare il premier italiano un membro dell'elitario club dei professionisti politici non riguarda in realtà solo Berlusconi ma, in minore misura, la nuova classe politica italiana nel suo complesso. I leader italiani, salvo rare eccezioni, vengono accolti nei luoghi dove si decidono i destini dell'Europa come fumatori di sigaro al circolo della pipa. Al di là dello snobismo interessato e spesso insopportabile di alcuni partner – soprattutto francesi, tedeschi e belgi – resta la necessità di strutturare finalmente un sistema politico-partitico-istituzionale nuovo e credibile. Ma la Seconda Repubblica pare un approdo ancora lontano, più di dieci anni dopo la liquidazione della Prima.

Un secondo limite strutturale deriva dalla tradizione del nostro europeismo, che nell'analisi della parabola berlusconiana di Pistelli e Fiore è espressa soprattutto dal "caso Ruggiero". Malgrado qualche recente progresso verso una visione meno idealistica dell'Europa, resta fra i nostri politici e in genere nella nostra élite dirigente – compresa parte dello stesso centrodestra – una rappresentazione confortante quanto irrealistica dell'Unione Europea. Un luogo dove ci si vuole bene e dove ci vogliono bene. In base a questo europeismo ormai sfiatato e inefficiente, interessi nazionali e interessi europei coincidono per definizione. L'Europa è una costruzione graduale, armonica, non competitiva. Inoltre, è o deve essere il contrario dell'Italia, quanto meno in termini di efficienza. Al fondo, soprattutto in ambito democristiano ed ex democristiano, si guarda all'Europa come al luogo del "vincolo esterno": solo l'Europa sarebbe in grado di portare l'Italia sulla via della virtù. A parte la discutibile democraticità di una simile visione, il guaio è che non funziona più. L'ultimo successo fu la decisione del governo Prodi di agganciarci comunque all'euro. Da allora – anche per la scarsa popolarità della nuova moneta – il "vincolo esterno" non funziona più. Alcuni osservatori, come Ilvo Diamanti, segnalano anzi una profonda, crescente eurodelusione. Insomma, quel tipo di europeismo rischia di produrre più disaffezione verso l'Europa che altro. E comunque non è produttivo né per noi né per gli altri europei.

Infine, i limiti di carattere sociale ed economico. Siamo il paese più vecchio d'Europa e del mondo. La crescita zero non è solo un problema economico o sociale, è soprattutto un grave problema culturale. Più siamo vecchi meno guardiamo al futuro, meno siamo disposti a scommettere su progetti grandiosi come la costruzione di una casa comune europea. Quanto poi alla perdita di quote di mercato, in Europa e nel mondo, essa segnala fra l'altro la fine del "piccolo è bello" e ci mette davanti alla realtà di essere l'unico grande paese industriale senza nemmeno uno straccio di grande impresa. Un capitalismo con pochi capitali e ancora gravato dalla tabe del familismo non appare destinato a conquistare nuovi spazi nella competizione internazionale. Né l'Italia sembra in grado di attrarre quegli investimenti esteri che potrebbero rinsanguare la nostra economia.

Come si vede, il "semestre nero" indagato dagli autori è sintomo di malfunzionamenti e limiti strutturali, più che espressione degli errori o delle gaffe di Berlusconi, che sembrano confermare i peggiori stereotipi altrui sul "carattere nazionale" nostrano. Il che non rallegra nessuno a cominciare da chi, come gli autori, vorrebbe costruire un'altra politica estera dell'Italia.

La partita che si sta giocando oggi in Europa riguarda il rango dei vari paesi. Nei prossimi due o tre anni verranno stabilizzate nuove graduatorie di potenza, destinate a durare probabilmente a lungo. Perdere questa partita significa perdere il treno dell'Europa per i prossimi decenni. Cerchiamo allora di fissare quale sia la posta in gioco e in quale modo è possibile guadagnarla.

Negli ultimi mesi del 2003 e all'inizio del 2004, sempre più appariscente ed esplicito diventa il direttorio di fatto che guida gli affari europei in un mare assai procelloso. In realtà, più che pilotare un progetto comune, francesi, tedeschi e britannici tendono a trovare dei compromessi fra i loro interessi per imporli poi agli altri ventidue membri. Parigi e Berlino hanno ridato vita a un "asse" che non è tanto un motore europeo quanto un modo di difendere meglio i propri interessi nella competizione internazionale. Londra è sempre alle prese con l'improbabile compito di costruire un suo ponte fra europei e americani, ma grazie all'"allargamento" al Nord-est può portare in dote agli altri membri del direttorio la sua speciale influenza nella "Nuova Europa" ex sovietica e decisamente filoamericana, che altrimenti sarebbe nella condizione di scontrarsi permanentemente con i franco-tedeschi.

L'Italia di Berlusconi, respinta da Parigi e Berlino anche per la scarsissima elettricità che corre nei rapporti personali fra i loro leader e il nostro, è fuori dal direttorio. Per la verità, sono almeno dieci anni che la nostra autorappresentazione di "Quarto Grande" corrisponde più a un nostro desiderio che all'altrui visione dell'Italia. Il "caso Berlusconi" ha però moltiplicato questo effetto. I rapporti stretti con gli Stati Uniti, ma anche con Russia e Turchia, per quanto importanti non possono essere fatti valere in Europa proprio per questa nostra relativa impotenza. Né le potenze citate possono trarre molto da un rapporto con l'Italia, se noi non abbiamo sufficiente influenza in Europa.

Infatti, una delle parti più efficaci di questo libro riguarda proprio i nostri rapporti con gli Stati Uniti. La solidarietà *a prescindere* di Berlusconi a Bush, sintetizzata nel motto "come si fa a dire no all'America?" proprio quando molti alleati degli USA stavano facendo questo, è peraltro contraddetta dalla retorica e dalla pratica di questo governo, a un tempo solidale con la guerra americana in Iraq e non belligerante. Il rischio è quindi di non guadagnare credibilità presso nessuno, né in America né fra i partner europei.

È quindi urgente che l'Italia si riavvicini al nucleo di potenza europeo. Nell'Unione Europea più larga, infatti, le regole valgono sempre meno (si veda la triste fine del Patto di Stabilità), mentre dominano i rapporti di forza. I quali, specialmente in una fase di grande fluidità, comprendono anche la capacità di avere delle idee e di difenderle. L'idea che potrebbe meglio corrispondere ai nostri interessi dovrebbe essere quella di una Confederazione europea all'interno dell'Unione Europea. Nessuno può pensare di trasformare l'Europa dei venticinque o domani dei trenta in un soggetto politico e geopolitico. Ma se un gruppo di paesi decidesse di dotarsi di istituzioni confederali comuni, la possibilità di un attore globale europeo sarebbe meno remota. Sarà l'Italia capace di tanto coraggio? Saranno altri paesi decisivi, primi fra tutti Francia e Germania, disposti a un simile passo? E, fra i nuovi paesi comunitari, ce ne sarà qualcuno pronto ad associare la sua sovranità già limitata a quella di altri partner? Dalle risposte a queste domande dipende il risultato della partita europea e il nostro stesso futuro.

LUCIO CARACCIOLO

Semestre nero

1. Due anni vissuti pericolosamente

All'indomani del fallimento della conferenza intergovernativa (CIG) di Bruxelles che archiviava, per il momento, il progetto di Costituzione europea, Silvio Berlusconi commentava amaramente con il suo staff: «Per occuparmi tanto di Europa, ho perso consenso in Italia».

Nonostante l'apparente sconforto delle parole, resta invece ben radicata nel Cavaliere la convinzione che la politica europea e internazionale sia la cosa che più gli piace e meglio gli riesce nel campo delle attività di governo. Quel dare del "tu" al mondo, la certezza di essere fra i grandi della terra, realizza compiutamente l'arco del sogno berlusconiano.

Anche fra i suoi elettori – almeno per i primi diciotto mesi, dicono le indagini demoscopiche – questa convinzione era molto diffusa: la diplomazia sgargiante delle ville in Sardegna offerte per le vacanze dei figli dei leader stranieri, una foto qua con il giubbotto regalato dal presidente americano, una foto là con il colbacco regalato dal presidente russo, la parata di cartapesta della firma dell'accordo NATO a Pratica di Mare erano tutti eventi facilmente comunicabili al grande pubblico nella chiave di un prestigio nazionale ritrovato.

Nella società di massa e della comunicazione globale, la politica in genere e quella internazionale in particolare – fin dai tempi dei summit USA-URSS – hanno imparato a trasformare gli incontri in eventi, a usare il linguaggio dello spettacolo per trasmettere messaggi politici. Basti pensare alla visita a sorpresa del presidente Bush ai soldati americani a Baghdad nel giorno del Ringraziamento, agli incontri dei grandi organismi internazionali o ai vertici del G8, il cui sfarzo, spesso inversamente proporzionale ai risultati politici, ha finito per attirare magneticamente la contestazione dei movimenti no-global.

La politica estera, per il Cavaliere, rappresenta inoltre una formidabile via d'uscita dalle beghe della coalizione da lui guidata. La fitta agenda di impegni, affollata al limite dell'impossibile durante i lunghi mesi di *interim* successivi alle dimissioni del ministro Ruggiero, permette al tempo stesso di scomparire nei momenti di maggiore tensione diretta e di confermare, da lontano, il ruolo di padrone della maggioranza, che promette di tornare appena possibile per risolvere le questioni una volta per tutte.

La partecipazione alla guerra in Iraq e il disastroso semestre di presidenza dell'Unione Europea (UE), appena concluso, hanno aperto drammaticamente gli occhi a molti italiani. Da un lato, la scelta di schierarsi assieme a Bush senza incertezze e senza alcuna concertazione europea nella guerra a Saddam Hussein ha collocato per la prima volta il leader del centrodestra lontano dal comune sentire della maggioranza dei cittadini italiani; dall'altro, l'obbligo di rappresentare l'Europa secondo la volontà collettiva dell'Unione e non secondo le proprie opinioni personali ha offerto numerose occasioni pubbliche di conflitto con i partner del Vecchio Continente.

Può essere utile, allora, ripercorrere le tappe principali del semestre di presidenza europea: i fatti, gli eventi, gli incontri di questi mesi rappresentano un campionario completo, utile a esporre e commentare la politica estera italiana sotto Berlusconi, la sua credibilità, la sua efficacia, il suo ruolo nella riscrittura di un nuovo ordine mondiale in un tempo di disordine crescente.

Negli ultimi cinquant'anni, il nostro paese ha sempre orientato la propria politica internazionale seguendo tre punti di riferimento – l'europeismo, l'atlantismo e il Mediterraneo – e privilegiando sempre un approccio multilaterale alle questioni. L'Italia appartiene al gruppo dei soci fondatori della Comunità Europea ed è sempre stata il paese che ha spinto maggiormente, in ogni tappa di questo percorso, per il processo di integrazione, cosciente che, per le nostre caratteristiche, il massimo di interesse nazionale coincidesse con il massimo di integrazione continentale. L'amore per la libertà, il senso di appartenenza alla comunità occidentale hanno facilmente consolidato il rapporto di amicizia e di alleanza con gli Stati Uniti, anche se proprio la stella polare europea ha permesso di non vivere questo legame in modo subalterno. La collocazione mediterranea del nostro paese ha obbligato, infine, a temperare la chiave atlantica ed europea con una spiccata attitudine al dialogo con il Sud del mondo e con i paesi arabi in particolare, da cui hanno tratto giovamento in varie circostanze sia gli Stati Uniti che i nostri partner europei.

L'ascesa al potere di Berlusconi, avvenuta in entrambi casi per cause e circostanze del tutto estranee agli orientamenti internazionali del Cavaliere, ha sempre sollevato più di una inquietudine in numerose capitali.

Nel 1994, il presidente della Repubblica Oscar Luigi Scalfaro, con una prassi costituzionale innovativa, inviò una lettera al primo ministro incaricato impegnandolo – fra l'altro – alla continuità della politica italiana in Europa: il risaputo euroscetticismo di alcuni ministri assai legati al premier, l'esordio al governo di un partito post-fascista e di un partito autonomista, che giocava però con il linguaggio della rivoluzione, avevano sollevato molti timori nell'Europa carolingia abituata alle affidabili morbidezze democristiane.

Durante la lunga traversata nel deserto dell'opposizione fra il 1996 e il 2001, il Cavaliere cercò di ricostruire un proprio profilo internazionale, muovendosi su più piani: integrandosi nel Partito Popolare Europeo (PPE), condividendo parzialmente alcune difficili responsabilità internazionali assunte in quel periodo dal governo di centrosinistra, incentivando una trasformazione culturale dei propri alleati. Il primo obiettivo venne brillantemente raggiunto alla vigilia delle elezioni europee del 1999, provocando non poche difficoltà negli altri partiti italiani membri del PPE. Il secondo fu solo parzialmente colto dato che la Lega Nord mantenne una posizione ostinatamente amichevole con la Serbia di Milošević mentre il resto dell'alleanza di centrodestra sosteneva la partecipazione italiana alle missioni NATO nei Balcani. Il terzo obiettivo si presta a letture più sfumate: da una parte l'eterodossia della Lega è stata con difficoltà bilanciata dalla continuità democristiana dell'UDC (Unione dei Democratici Cristiani e Democratici di Centro), dall'altra il cammino progressivo di AN (Alleanza Nazionale) in direzione del superamento delle sue radici missine non aveva fatto però completamente dimenticare né l'opposizione del partito di Fini al trattato di Maastricht né la *querelle* diplomatica con la Slovenia durante l'esperienza del 1994; complessivamente, il centrodestra poneva dei problemi di coerenza interna, cui però – per onestà di analisi – non era immune nemmeno la coalizione avversaria.

Così, nel 2001, dopo la vittoria della Casa delle Libertà, le preoccupazioni internazionali furono minori per quantità e diverse per qualità: a Berlusconi si rimproverava severamente il conflitto di interessi irrisolto, inaccettabile secondo i principi liberal-democratici, e un certo stile amante dell'improvvisazione e dell'impulsività in nome della rivendicata *estraneità* al ceto politico. In buona sostanza, si temeva un possibile *contagio*, scorgendo in lui quel populismo antipolitico che non era ancora giunto a conquistare la guida di alcuna grande democrazia occidentale. Più che la paura di un'anomalia, il timore di trovarsi davanti all'avanguardia di un fenomeno.

La scelta di Renato Ruggiero quale titolare della Farnesina, che molti considerarono un pedaggio imposto al premier dal presidente della Repubblica Carlo Azeglio Ciampi e dall'avvocato Agnelli, sembrava costituire una garanzia di affidabilità per la corretta conduzione della politica estera del nostro paese.

Nessuno immaginava che i due anni che ci hanno portato fino al semestre di presidenza europea sarebbero stati *due anni vissuti pericolosamente*...

Tre sono i passaggi chiave dei sei mesi di governo 2001: il G8 di Genova, l'attacco dell'11 settembre, il braccio di ferro con il ministro Ruggiero.

Il vertice degli otto paesi più industrializzati si svolge dal 20 al 22 luglio con l'amministrazione Bush nel pieno della sua fase isolazionista; rapporti freddi con la Russia a causa dell'ipotesi di scudo antimissile, ma anche molti e significativi dossier che la dividono dall'Europa: dal Tribunale Penale Internazionale al protocollo di Kyoto, dall'abbandono del trattato ABM al ritiro dalla convenzione sulle mine antiuomo. Così, il vertice non lascia risultati politici degni di nota. Anzi, chiamando il settore privato a un grande sforzo verso il Sud del mondo, gli Otto nel frattempo abbandonano l'obiettivo di destinare lo 0,8 per cento della propria ricchezza nazionale all'aiuto allo sviluppo. Per la prima volta, invece, negli scontri fra dimostranti e polizia muore un ragazzo, alcuni reparti delle forze dell'ordine si rendono responsabili di violenze che provocheranno un'indagine parlamentare e numerosi strascichi penali, il premier consegna alla cronaca le sue preoccupazioni per i panni stesi alle finestre dai genovesi e per i limoni veri da attaccare con filo di ferro alle piante non abbastanza rigogliose in quella stagione.

L'attacco alle Torri Gemelle sconquassa, com'è ovvio, le relazioni internazionali: l'amministrazione di Washington inaugura una nuova fase di rapporti "supercoalizionali", attentissima a coinvolgere la maggior parte della comunità mondiale nella lotta al terrorismo. L'Italia partecipa alla missione contro l'Afghanistan dei talebani, ma Berlusconi sorprende due volte i partner europei quando non blocca immediatamente il proprio ministro Umberto Bossi che invoca, una settimana dopo l'attentato, «guerre sante e guerre di religione contro l'islam» e quando non riesce a controllare se stesso, a Berlino, il 26 settembre. Preso dai consueti cinque minuti di improvvisazione, durante la conferenza stampa, che in realtà chiude un incontro bilaterale con il presidente russo Putin, affronta in modo spericolato il tema del rapporto fra Occidente e islam:

> Gli USA simboleggiano la civiltà occidentale di fronte al modo di vita musulmano, ma la nostra civiltà è superiore alle altre, alcune delle quali si trovano ancora al Medioevo [...]. Da noi c'è un rispetto dei diritti umani, religiosi e politici che certo non c'è nei paesi islamici.

Queste parole suscitano sdegno nel mondo arabo e irritazione presso i governi europei e presso la stessa Casa Bianca. Le parole del Cavaliere, lungi dall'essere liquidate come una gaffe, urtano frontalmente contro la delicata tessitura di una tela che cerca di coinvolgere nella lotta al terrorismo i paesi arabi moderati, dall'Egitto alla Giordania, evitando sistematicamente di accennare alla matrice religiosa e culturale dei terroristi così da non alimentare la teoria, già abbastanza diffusa nei media, dello "scontro di civiltà".

Il settimanale «Business Week» poteva dunque riferirsi all'Italia come l'unico paese che in Occidente «guida contromano». In più, se è corretto legare in un rapporto di causa ed effetto questi eventi, la diffidenza nei confronti di un presidente esternatore provoca nell'arco di un mese e mezzo l'esclusione dell'Italia da alcuni momenti in cui un circuito ristretto della politica europea si trova a discutere dell'intervento in Afghanistan: succede al vertice di Ghent e nella ormai celebre cena organizzata dal premier britannico Tony Blair a Downing Street che, a causa delle proteste italiane, si allarga nelle ultime ore fino a perdere ogni significato.

Renato Ruggiero, ambasciatore, apprezzato direttore generale del WTO (World Trade Organization, Organizzazione Mondiale del Commercio), uomo di casa FIAT dalle mille relazioni internazionali, europeista convinto, è però il vero bersaglio delle tensioni interne alla Casa delle Libertà, che non condivide le sue posizioni politiche e vede con stizza la stima di cui il ministro gode anche nelle file dell'opposizione. Ruggiero, in pochi mesi, litiga con tutti, anche se niente trapela per molto tempo: l'UDC Buttiglione vorrebbe essere il ministro dell'Europa e non si rassegna alla circostanza che le sue deleghe non gli permettono di mettersi al tavolo dell'alta politica; il forzista Martino, alla fine di ottobre, sgancia l'Italia dal consorzio europeo per la costruzione dell'A400M («Non ho partecipato alla riunione poiché probabilmente ero all'estero», replica Ruggiero, «io continuerò a battermi per la nostra partecipazione»); sempre il ministro della Difesa lo attacca quando preannuncia la partecipazione dei carabinieri alla missione in Afghanistan («Carabinieri a Kabul? Forse saranno quelli del nucleo del ministero degli Esteri»); la coppia Tremonti-Bossi lo punzecchia ripetutamente per le posizioni europeiste. Solo il presidente Ciampi, che porta una grande responsabilità nella sua designazione, cerca di difenderlo e di mediare le situazioni più complesse, come quando il 21 agosto è costretto a ospitare una cena a Castelporziano per dirimere la controversia sulla opportunità o meno di tenere il vertice mondiale della FAO a Roma, che il premier vorrebbe regalare a qualcun altro dopo lo shock di Genova.

Nel mese di dicembre la sfida si gioca sull'Europa. Bossi, Buttiglione, Martino, Tremonti attaccano frontalmente Ruggiero per la posizione favorevole assunta alla vigilia del vertice di Laeken sulla questione dell'assistenza giudiziaria in materia penale, ribattezzata giornalisticamente "mandato di cattura europeo". Volano parole grosse: per Bossi è il momento di «attaccare l'Europa giacobina, l'Europa di Forcolandia»; secondo Buttiglione «pazienza se il ministro lascia perché se si arrabbiano i centristi è peggio»; per Martino si deve smettere di ascoltare «quelli che hanno subìto il trauma della fine del comunismo e l'hanno sostituito con il fideismo europeista»; per Tremonti «l'Europa non si costruisce nel buio di un carcere».

Lo stesso superministro dell'Economia litiga platealmente con Ruggiero su chi abbia la competenza per preparare il Consiglio Europeo di Barcellona della primavera successiva e sulla *querelle* fra unanimità e voto a maggioranza nell'Europa di domani. È troppo. Ruggiero scrive a Berlusconi. In pratica, il 12 dicembre si dimette, ma il premier gli chiede di rimanere al suo posto. Nella settimana di Natale, mentre si prepara il *change-over* fra lira ed euro, esce sui quotidiani italiani una batteria di interviste euroscettiche rilasciate da Martino, Marzano, Tremonti, Bossi, in pratica mezzo governo: quando va bene l'euro è una purga necessaria, quando va male si tratta di una scelta sbagliata che era meglio non fare.

Il 3 gennaio, Ruggiero rompe il silenzio con un'intervista al «Corriere della Sera»: ringrazia Ciampi, difende timidamente Berlusconi, rivendica la propria linea bipartisan, attacca gli euroscettici. Più che un rilancio è un canto del cigno: dopo quarantott'ore di assordante silenzio da parte della propria maggioranza, con l'eccezione di una pesante replica di Bossi («Non decido io. Valuterà Berlusconi. Comunque, più si resta ostaggio di certe posizioni e peggio è»), il Cavaliere e l'ambasciatore rompono consensualmente il rapporto.

Silvio Berlusconi, così, assume anche l'*interim* della Farnesina: per 11 mesi sarà una faticaccia. Premier e ministro degli Esteri, Chirac e De Villepin assieme, Bush e Powell in una sola persona, Schroeder e Fischer simultaneamente, Putin e Ivanov in contemporanea. Rassicura che si tratterrà il tempo necessario, ma dopo pochi giorni calma l'ardore dei molti aspiranti: alla Farnesina è tutto da rifare, ministero e diplomatici. Per non parlare dell'Europa e delle crisi legate al dopo 11 settembre.

Ma, come dicono i suoi, il lavoro gli piace, si diverte molto.

A Cáceres in Spagna, l'8 febbraio, si leva le scarpe davanti ai giornalisti per dimostrare che non porta i tacchi e fa le corna, durante la sessione fotografica finale, al povero Josep Piqué, ministro degli Esteri spagnolo, per far sorridere un gruppo di boy-scout di passaggio.

Al Congresso della Lega, in marzo, presente mezzo governo con fazzolettino verde nel taschino per omaggiare il leader *lumbard*, Bossi fa un'uscita delle sue sull'Europa stalinista appellandosi agli uomini liberi e democratici che non vogliono morire sotto «l'Unione Sovietica d'Occidente» e minacciando di non votare la ratifica del trattato di Nizza. Com'è ovvio, comincia il teatrino verbale – che Berlusconi denuncia tre volte al giorno attribuendolo ad altri – fra la Lega e l'UDC: Buttiglione sostiene che la coerenza europea è più importante della *devolution*, Follini minaccia che «se lo strappo è sulla politica estera, non c'è più posto per la Lega», ma in un paio di giorni si comprende che i posti cui si allude sono quelli contesi delle amministrative di maggio rispetto ai quali la Casa delle Libertà sta posizionando le proprie artiglierie. Seguendo il consueto schema, il Cavaliere, che deve incontrare a Trieste il cancelliere Schroeder per il summit bilaterale fra Italia e Germania, rassicura tutti sull'europeismo dell'Italia e dichiara che «Bossi è un convinto europeista e quando fa le sue battute non va preso sul serio». Contento lui, contenti tutti.

A fine maggio, a Pratica di Mare, seconda base americana in Europa dopo Ramstein, ed essenzialmente per ragioni di sicurezza, si tiene il Consiglio Atlantico che sancisce il passaggio dal C19+1, con la Russia in veste di partner consultato, al C20 con la Russia partner effettivo. L'intesa è frutto di un lavoro a più mani svolto negli anni precedenti ma è stata accelerata dalla nuova collaborazione fra le due ex "superpotenze" dopo l'11 settembre. Per poco più di tre ore, i grandi dell'Occidente si radunano in una scenografia hollywoodiana con prati sintetici e statue romane di cartapesta, immortalati dalla diretta, anche se mattutina, della RAI. Il Cavaliere non sta più nella pelle: «un successo di grandi proporzioni che osservatori imparziali definiscono storico [...] a questa firma di respiro planetario si è arrivati soprattutto grazie alle sollecitudini di questo governo italiano». Per enfatizzare la scelta del luogo (per le vere ragioni, rileggi sopra), si avventura nella rievocazione della nascita di Roma, ribattezzando i figli della lupa Romolo e Remolo e immaginando che la base – nella leggenda, il luogo in cui sbarcò Enea con gli altri profughi troiani – sia «il luogo, dove l'Oriente – allora

Troia, oggi la Russia – trovò il modo di fondare una nuova civiltà». Applausi convinti di Lord Robertson, segretario generale dell'Alleanza, che non si aspettava un tale sfarzo.

Su come stia cambiando funzione un'alleanza che oggi si estende da Vancouver a Vladivostok, e che dunque rappresenta il Nord del mondo, neanche una parola. Non è, e non sarà più per molti mesi, il momento.

A luglio, si svolge a Roma la grande conferenza con i diplomatici italiani. Per molti mesi, Berlusconi ha spiegato che le ambasciate devono diventare luoghi di promozione del *made in Italy*, che è tempo di valutare il lavoro dei diplomatici dall'andamento dell'interscambio bilaterale, che si cercherà di adottare un mix fra i modelli inglese e canadese e che, se non ci sono abbastanza risorse per scrivere la riforma, la pagherà lui personalmente. Agli ambasciatori, che si barcamenano con un budget che ha toccato lo 0,13 per cento del bilancio dello Stato e che per di più sono costretti ad amministrarlo secondo uno schema rigido di oltre quattrocento capitoli di spesa con continue autorizzazioni da richiedere al ministero del Tesoro, viene spiegato che la riforma non è pronta e che, se fosse pronta, non avrebbe comunque le risorse per entrare in funzione. In compenso, il premier distribuisce molte fotografie con dedica personalizzata.

Il 4 ottobre, durante la conferenza stampa che segue l'incontro con il premier danese Rasmussen, apre una incredibile parentesi sulla propria vita privata che manda in soffitta i contenuti politici della visita del presidente di turno dell'Unione: «Penso di presentare Rasmussen a mia moglie, è molto più bello di Cacciari. Secondo quello che si dice in giro... povera donna».

In autunno, intanto, inizia il balletto sull'Iraq. Ai primi di settembre, Berlusconi dichiara che deciderà l'atteggiamento italiano solo a valle di una deliberazione delle Nazioni Unite; due settimane dopo, mentre sta entrando nella sala dove si svolge il Consiglio Europeo di Copenaghen, capovolge la posizione sostenendo che l'Europa dovrebbe appoggiare anche un intervento militare preventivo. La secca smentita dei suoi partner e il consueto ricorso al *misunderstanding* dei giornalisti portano il Cavaliere ad assumere, due giorni dopo, il 25 settembre, una posizione mediana in Parlamento: «Alle nuove preoccupazioni americane non si può rispondere con un'alzata di spalle [...] si arrivi al più presto ad una risoluzione ONU unica e chiara che definisca le condizioni per l'uso misurato della forza». Il 16 ottobre a Mosca, accanto a Putin, assicura: «Credo che in Iraq non ci siano più armi di distruzione di massa»; ma ventiquattr'ore dopo precisa: «Sono e resto con Blair l'alleato più vicino a Bush. Non ho mai detto che Saddam non ha armi di distruzione di massa. Dico solo che ha avuto il tempo di distruggerle o di metterle da qualche altra parte»; il 20 novembre dice che «in caso di guerra, l'Italia parteciperà».

È un crescendo di giravolte – nel quale anche il lettore più paziente perderebbe la testa – che culmina nella primavera del 2003, quando i preparativi per l'invasione sono molto avanzati. Il premier ormai esibisce una linea politica sostanziale e un'altra formale e utilizza un articolato pacchetto comunicativo.

Sul piano sostanziale, Berlusconi appoggia Bush – direbbe Totò – *a prescindere*: lo sostiene nella versione isolazionista, in quella coalizionale, in quella unilaterale della nuova dottrina strategica; ne condivide le posizioni anche quando parla d'altro; ne rappresenta le istanze in Europa quando sottoscrive l'appello degli 8 governi promosso dal «Wall Street Journal» senza nemmeno avvertire la presidenza di turno greca e stronca l'ipotesi di ispezioni rafforzate promossa da Francia e Germania, il cosiddetto piano Mirage; concede prontamente basi aeree e corridoi logistici per far trasportare in Iraq uomini e armamenti.

Sul piano formale, il Cavaliere evoca in continuazione l'Europa, l'ONU e la legalità internazionale ma non assume alcuna iniziativa concreta, né di stampo bilaterale né nelle sedi multilaterali, per dare corpo a questi richiami.

Sul piano comunicativo, in ogni intervista e incontro degli ultimi due mesi precedenti la guerra ammicca all'interlocutore di turno: in fondo, gli americani ci considerano già arruolati ma sanno che abbiamo il vincolo dell'articolo 11 che ci impedirebbe qualsiasi iniziativa non autorizzata dalle Nazioni Unite, e Berlusconi conosce i numeri inequivocabili dei sondaggi e delle manifestazioni per la pace che dilagano in tutta Europa.

Il capolavoro retorico avviene alla Camera dei Deputati, il 19 febbraio: il premier si schiera con Bush, plaude al papa, invoca l'unità dell'Europa, attacca frontalmente l'opposizione e i movimenti pacifisti, dichiara però il proprio amore per la pace, suggerisce di essere fra coloro che si adoperano per l'esilio di Saddam assieme a Pannella e Gheddafi, conferma l'ONU quale stella polare della legalità internazionale, cita l'articolo 11 della Costituzione ma fa comprendere che si tratta di una norma un po' vecchiotta. Non è un caso che il risultato di questo guazzabuglio sia, appunto, un guazzabuglio: i sondaggisti americani che verificano la popolarità negli USA di un attacco in Iraq includono di diritto l'Italia nella "coalizione dei volenterosi", ma il nostro paese non è invitato al vertice delle Azzorre che si tiene il 16 marzo alla vigilia dell'invasione. Berlusconi chiamerà la condizione del nostro paese "belligeranza benevola" o "qualificata"; il ministro Frattini, nella discussione parlamentare che si svolge pochi giorni prima di Pasqua, ottiene un mezzo via libera alla partecipazione italiana ma in chiave di scorta umanitaria. Peccato che, leggendo il decreto alcune settimane dopo, si scopra che gli aiuti vanno prevalentemente a Baghdad e i militari sono invece spediti a quattrocento chilometri di distanza e che il rapporto fra spesa per il supporto militare e spesa per gli aiuti civili sia di 90 a 10. È il festival dell'ipocrisia cui si sottrae, non si sa mai se per onestà o ingenuità, il solo Martino che proclama apertamente: «È chiaro che siamo coinvolti in una guerra», e «Si sono ormai aperte le porte di Giano» e via epigrafando.

Nella primavera del 2003, mentre la guerra incombe e si avvicina il semestre di presidenza dell'Unione, l'Europa rientra di prepotenza nel dibattito nazionale anche da un'altra direzione: Giulio Tremonti alla riunione Ecofin di marzo cala l'asso di briscola del veto italiano sulle direttive lungamente negoziate relative alla tassazione dei risparmi e dei prodotti energetici, condizionando l'assenso italiano a una rateizzazione trentennale delle multe sulle quote latte. Berlusconi appoggia l'iniziativa del suo ministro il quale, così facendo, rinsalda l'asse con la Lega, ma lo fa ignorando la verticale caduta di credibilità provocata da un veto che scambia fisco con latte alla vigilia del semestre italiano: l'accordo verrà raggiunto in extremis a giugno.

"*Why Berlusconi is unfit to run Italy*" ('Perché Berlusconi non è in condizione di governare l'Italia') era stato il titolo di una velenosa copertina dell'«Economist» alla vigilia delle elezioni politiche del 2001.

Nel maggio del 2003, il settimanale dell'establishment britannico replica e alza il tiro: "*Unfit to lead Europe*" ('Inadatto a guidare l'Europa'). Berlusconi – spiega l'editoriale – assume la presidenza dell'Unione in un momento delicatissimo a causa della debole crescita economica, delle difficili decisioni da assumere in materia istituzionale, del deterioramento delle relazioni con gli Stati Uniti. Servirebbe dunque

> lungimiranza, finezza diplomatica e un'iniezione di quell'autorità morale che deriva da un pieno e assoluto rispetto. L'Italia è in grado di offrire una tale leadership? O meglio, può farlo il suo primo ministro, Silvio Berlusconi? La nostra risposta è no.

Seguono considerazioni sul conflitto di interessi, sulle leggi *ad personam* approvate dalla maggioranza di centrodestra, sui processi aperti a carico del premier.

Buonanotte. Inizia, come abbiamo già visto, la grancassa contro la "stampa comunista", questa volta internazionale, contro il "complotto anti-italiano", ma molti giornali torneranno nell'arco dei due mesi sul tema dell'affidabilità del nostro governo. Scrive Andrea Bonanni su «la Repubblica»: «Berlusconi era convinto di dare del tu al mondo. Il mondo, però, continua a dargli del lei. E a tenerlo a distanza, come si fa con chi ha pendenze penali irrisolte o risolte malamente».

All'avvicinarsi della scadenza, altre testate tornano sull'argomento. «Le Monde»: «È ambiguo, non ha risolto il conflitto di interessi, rende l'Italia un'anomalia europea»; «Le Nouvel Observateur»: «A Bruxelles, la sua ignoranza dei dossier, il suo gusto per l'improvvisazione e per i colpi a sorpresa rischiano di fare danni». «El País»: «Attenti, arriva il Cavaliere». È una valanga. Nei giorni successivi si aggiungono il «Financial Times», «The Guardian», «Die Zeit», il «Los Angeles Times».

Le argomentazioni, in genere, insistono su due fronti diversi: da un lato c'è l'insistita attenzione dei mass media di ispirazione liberal-democratica per la questione del conflitto di interessi e per le leggi in materia di processi (è stato approvato da pochi giorni il cosiddetto lodo Schifani sull'immunità delle alte cariche dello Stato), dall'altro invece spaventa la predisposizione del Cavaliere a sovrapporre le proprie opinioni personali alle posizioni ufficiali legate alla funzione di presidente dell'Unione, o a farsi prendere dall'entusiasmo degli interventi a braccio. Come quando, durante la presentazione del programma italiano alle Camere, comunica di avere un accordo con il leader di Tripoli Gheddafi in base al quale soldati italiani pattuglieranno i porti libici in funzione anticlandestini, provocando una smentita del colonnello e un imbarazzato silenzio della comunità internazionale.

L'opposizione fa sapere di non prestarsi a strumentalizzazioni mediatiche che ridicolizzino il paese, ma invita il premier a cercare collaborazione e dialogo e ad attenersi a una politica di continuità in materia europea. Il semestre – ricorda Pierluigi Castagnetti, presidente dei deputati della Margherita – non è un fatto privato di Berlusconi ma una responsabilità dell'Italia intera che, come tale, ne ricaverà prestigio o danno. Ricorda il segretario dei DS Piero Fassino al «Corriere»:

> Si può stare nell'Unione in molti modi, credendo nell'Europa e lavorando per l'Europa massima possibile, o ritenendo che ci si sta perché non se ne può fare a meno, e dunque lavorando a un'Europa minima necessaria. Finora il governo ha optato per la seconda soluzione. Tremonti è andato a fare campagna elettorale in Friuli dicendo che l'allargamento era sbagliato; Castelli blocca ogni decisione sullo spazio europeo di giustizia; il governo preferisce Bush all'Europa. Allora chiedo: se Berlusconi crede nell'Unione, muti questi atteggiamenti.

È dunque il caso di analizzare con attenzione i propositi per il semestre che Berlusconi discute nelle sedi pubbliche e che raccoglie nel programma, suggestivamente intitolato "Europa: cittadini di un sogno".

Per fare questo, anche il pamphlet più polemico non può prescindere da un atto preliminare di onestà intellettuale. Molto forte, infatti, è il rischio di alimentare pur involontariamente quella euroretorica che si è avviticchiata come una pianta rampicante sul robusto albero dell'integrazione comunitaria degli ultimi dieci anni e che si manifesta in varie forme, a seconda dei paesi e delle circostanze: talora esaltando la dimensione comunitaria ma poi accumulando ritardi e contenziosi, talaltra scaricando sull'Europa e sui traguardi da essa richiesti le difficoltà interne, in altri casi ancora invocando viceversa l'Europa come unico livello capace di affrontare e risolvere questioni troppo dolorose sul piano del consenso domestico.

Nel caso della presidenza semestrale del Consiglio, l'euroretorica consiste nel sopravvalutare, alimentando dunque aspettative irrealistiche, le possibilità reali di cui gode il paese che ha l'onere di guidare l'Unione. A maggior ragione, quando questi è di turno nel secondo semestre dell'anno e può dunque contare su un periodo effettivo di poco più di quattro mesi.

Non è un caso, dunque, che la Convenzione abbia lavorato per superare questo meccanismo, anche se la soluzione proposta – una Presidenza eletta e stabile per due anni e mezzo – ha generato numerosi interrogativi riferiti soprattutto alla sovrapposizione possibile con le funzioni del presidente della Commissione. In concreto, comunque, ruotare ogni sei mesi fra venticinque membri comporta un insopportabile rischio quantitativo e qualitativo: per un verso, ogni membro dell'Unione dispone del proprio turno ogni dodici anni e mezzo, un tempo insostenibilmente lungo nella politica contemporanea; la sequenza alfabetica inoltre produrrebbe interi periodi durante i quali l'Unione viene presieduta da paesi molto piccoli e relativamente poco esperti della vicenda europea. Per l'altro, la rotazione ha prodotto, già oggi nell'Europa dei quindici, un inevitabile "effetto millefoglie", con il paese di turno talmente impegnato a imprimere un marchio originale, distintivo, da lasciare in eredità dossier e iniziative incompiute e da non riuscire a portare a compimento o stabilizzare quelle ricevute dalle presidenze precedenti. È per questa ragione che l'Unione ha cercato di minimizzare l'impatto della discontinuità, istituendo la cosiddetta "troika" formata dal presidente di turno, dal suo predecessore e dal suo successore.

Noi ci terremo, dunque, alle parole del presidente del Consiglio, senza né aggiungere, né levare, così da valutare obiettivi e risultati del semestre sulla base degli impegni dichiarati, pochi o tanti che siano.

Berlusconi si trova a guidare la vita dell'Unione in un momento oggettivamente delicatissimo: il primo semestre dopo il conflitto iracheno, quello dell'apertura della conferenza intergovernativa sui risultati della Convenzione, l'ultimo prima del nuovo passaggio elettorale per il Parlamento europeo che allargherà il club dell'Unione ai dieci nuovi membri.

È la quarta presidenza di turno italiana. Prima di lui Craxi nel 1985 che condusse il negoziato sull'Atto Unico Europeo, Andreotti nel 1990 che aprì le due conferenze intergovernative, una sull'Unione Politica l'altra sull'Unione Monetaria (sfociata quest'ultima nel trattato di Maastricht), Dini e Prodi nel 1996 che aprirono la conferenza intergovernativa sfociata poi nel trattato di Amsterdam: presidenze pesanti, risultati significativi per l'Europa e per il nostro paese.

La lettura del complesso delle dichiarazioni del presidente del Consiglio e del ministro degli Esteri davanti al Parlamento italiano, a quello europeo, nelle sedi comunitarie, nelle principali interviste rilasciate sulla stampa nazionale e internazionale spingerebbe a trascurare il programma formale e le numerose schede legislative tematiche, se non per ricordare che nel capitolo dedicato allo spazio europeo di libertà, sicurezza e giustizia scompaiono gli impegni legati a Eurojust, l'organismo europeo incaricato di consolidare la cooperazione giudiziaria in materia penale; che nel capitolo dedicato alla strategia di Lisbona sull'occupazione si perdono i riferimenti all'economia della conoscenza e della coesione sociale; che si invoca invece una posizione europea sui regimi previdenziali quando è purtroppo noto che l'Unione non ha altri poteri se non inviare una raccomandazione agli Stati membri.

Per quanto riguarda, invece, le molte priorità evocate nell'opera di *public diplomacy*, distingueremo i temi secondo una nostra arbitraria classificazione.

1. *La priorità inderogabile.* Il tema che domina questa parte dell'agenda italiana è ovviamente quello della nuova Costituzione europea. A dire il vero, basterebbe questo tema per riempire e caratterizzare l'intero semestre, come alcuni commentatori consigliano prudentemente al presidente. «*L'Italia convocherà, sulla base dei risultati della Convenzione e delle conclusioni del vertice di Salonicco, la conferenza intergovernativa per approvare il nuovo trattato. Punteremo ad acquisire entro dicembre il più ampio consenso politico nella prospettiva di una sua firma a Roma fra la data di ingresso dei nuovi paesi (primo maggio 2004) e le elezioni per il rinnovo del Parlamento europeo*». Una CIG definita nell'intervento alla Camera «*di alto profilo e di elevati obiettivi*». Berlusconi in realtà ha detto a più riprese che l'obiettivo di una firma a Roma comporta l'adozione, così come esso è, del testo presentato dal presidente della Convenzione Valéry Giscard d'Estaing al vertice di Salonicco, al fine di evitare il rischio del "vaso di Pandora".

Nel tempo che ha preceduto l'ultima stesura del testo da parte della Convenzione, il governo italiano ha più volte sottolineato una propria neutralità sui punti critici rimasti aperti per potersi ritagliare il ruolo della mediazione finale.

L'argomento della neutralità che, come vedremo, non vale per la Cecenia di Putin o per l'allargamento dell'Unione a Israele e Russia, verrà puntualmente invocato ogni volta che altri partner comunitari raggiungono un risultato significativo all'insaputa della Presidenza.

2. *Le priorità italiane.* Questo strato dell'agenda comprende i punti che connotano la presidenza italiana nella sua originalità e che hanno qualche possibilità di maturare dei risultati entro il semestre.

Sul piano economico, va segnalato il cosiddetto "piano per la crescita" presentato dal ministro Tremonti all'Ecofin di luglio. Il piano muove dalla preoccupazione di rilanciare una crescita che ristagna sul piano continentale e di dare nuovi obiettivi comuni all'economia europea. Nel merito, la presidenza italiana fa riferimento a un complesso di misure riguardanti massicci investimenti in infrastrutture e reti transeuropee, a nuovi traguardi per la spesa in ricerca e – in modo assai meno compiuto – all'avvio della discussione su nuove iniziative coordinate in materia di flessibilità del lavoro e di standard comuni dei sistemi previdenziali. La prima componente del piano darà vita a una *querelle* con la Commissione sulla paternità del piano di infrastrutture continentali già finanziate dal bilancio dell'Unione; per quanto riguarda la seconda questione, l'Europa viene invocata in riferimento a materie sulle quali essa esercita solamente un potere di vigilanza finalizzato al rispetto degli equilibri macroeconomici, dato che proprio le posizioni più euroscettiche le hanno negato un più penetrante potere di intervento nei sistemi di welfare nazionale.

Successivamente, vi è il delicato fronte dell'immigrazione, tema che si acuisce durante la stagione estiva degli sbarchi sulle coste italiane. Berlusconi sottolinea la necessità di reperire in sede comunitaria finanziamenti per mettere in campo una strategia condivisa di gestione delle frontiere esterne, di cooperazione nel settore visti e di intensificazione della collaborazione con i paesi di origine e di transito dei clandestini. Dal tempo del Consiglio di Valencia, quando il tema fu posto in agenda dalla presidenza spagnola e incontrò proprio le resistenze italiane, è passata molta acqua, ma soprattutto sono arrivati molti clandestini. Il pugno di ferro ostentato in campagna elettorale deve fare i conti con la realtà.

Infine, il Mediterraneo. Nelle comunicazioni alle Camere il governo ribadisce l'impegno per il varo dell'assemblea parlamentare euromediterranea in dicembre (risultato che verrà raggiunto) e indica il duplice obiettivo della trasformazione delle *facilities* finanziarie attualmente operanti all'interno della Banca Europea degli Investimenti (BEI) in una autonoma Banca per il Mediterraneo e della creazione di una Fondazione per il dialogo fra le culture e le civiltà. Si tratta di traguardi condivisibili, sia sotto il profilo dell'interesse strettamente nazionale che sotto quello comunitario. L'Italia, peraltro, chiude una tripletta di presidenze mediterranee dopo Spagna e Grecia e proprio l'eventuale superamento del meccanismo di rotazione semestrale rende indispensabile finalizzare in questo periodo gli obiettivi sopra richiamati.

3. *Il contesto politico mondiale.* Al di fuori delle specifiche competenze comunitarie, l'Europa e la presidenza italiana giocano in questi sei mesi le proprie carte in altre due delicatissime partite: il rapporto euroatlantico e il consolidamento della *road map* per una futura pace in Medioriente.

Il dialogo fra Europa e Stati Uniti ha vissuto nei mesi passati, come abbiamo visto, una crisi aspra, che si è tradotta innanzitutto nella lacerazione dei rapporti infraeuropei. Sembra che le ultime settimane abbiano registrato, da entrambe le parti, la necessità di guardare oltre i dissensi politici e di negoziare pragmaticamente i delicati dossier economici che dividono le due sponde: il progetto Galileo, la questione OGM, le rispettive posizioni in vista del vertice di Cancun. Su tali questioni – tranne Cancun – non esistono scadenze predeterminate; il dialogo dunque non esaurisce i suoi effetti nell'arco del semestre, ma Berlusconi lascia intendere che non solo non vi è contraddizione fra un forte impegno europeo e un'altrettanto forte solidarietà atlantica, bensì che il suo rapporto privilegiato con Bush potrà ridare "spessore e dinamismo" a questa relazione, anche se il semestre non prevede purtroppo un incontro ufficiale USA-UE che, per l'anno 2003, si è già tenuto sotto la presidenza greca.

Allo stesso modo ci si dovrà comportare nel caso della *road map*, ambito in cui, con il formato del cosiddetto "Quartetto", l'Europa si è già sperimentata come entità unica. In questi mesi, assicura il governo, si capirà se il fragile percorso verrà seguito senza sbandamenti drammatici. La presidenza italiana assicura di non derogare da quei principi di imparzialità e di fermezza sui quali l'Europa si è ritrovata negli ultimi anni, ma nessuno si è dimenticato che, proprio alla vigilia del semestre, il Cavaliere si è recato a Gerusalemme a incontrare Sharon "per conto di Bush", rifiutandosi di vedere Arafat e provocando una crisi preventiva di politica estera all'interno dell'Unione.

4. *Le varie ed eventuali.* Nel complesso della comunicazione, istituzionale e non, del governo italiano sono comparse qua e là, spesso con rilievo paragonabile alle questioni già richiamate, altre cosiddette priorità del nostro paese.

Va detto con franchezza che in alcuni casi si tratta di questioni già definite sulle quali non ci si attendevano dalla presidenza italiana particolari impulsi; in altri casi, invece, si tratta di temi particolarmente cari a Berlusconi ma che non rientrerebbero realisticamente nell'ordine del giorno del semestre in corso, in alcuni casi nemmeno di quelli successivi.

Fra le prime, va menzionato ad esempio il percorso di adesione di Romania e Bulgaria, le cui tappe sono già sostanzialmente definite, o la prospettiva europea per i cinque paesi dei Balcani occidentali individuati dalla Commissione e convocati al vertice che si tiene al termine del semestre di presidenza greca; fra i secondi, vanno richiamate la decisione sulle pratiche di pre-adesione della Turchia, già calendarizzata per fine 2004, o le continue allusioni a una *wider Europe* estesa a Russia e Israele, nonché l'evocazione del "piano Marshall" per la Palestina.

Il 27 giugno, dopo il dibattito parlamentare in Italia, Berlusconi incontra a Palazzo Chigi i capigruppo del Parlamento europeo in un clima da tutti definito cordiale. Certo, l'accoglienza della stampa, la diffidenza dei diplomatici rivela che al nostro paese non verranno praticati particolari sconti, ma che anzi la credibilità europeista del governo deve essere faticosamente guadagnata passo per passo, atto per atto.

Il Cavaliere potrebbe contare su un allineamento casuale senza precedenti: è italiano il presidente della Commissione, Romano Prodi, è italiano il vicepresidente della Convenzione, Giuliano Amato; entrambi godono di grande prestigio all'estero. Chi fosse capace di deporre l'orgoglio e di sfruttare a pieno le sinergie possibili, amplificherebbe le possibilità di successo del paese. Così, come vedremo, non sarà: la Convenzione viene ringraziata e messa prontamente da parte e la presidenza della Commissione diventerà l'avversario di un continuo duello di fioretto.

Bumpy, 'accidentato', è l'aggettivo che spesso è comparso sulla stampa internazionale per definire il tragitto che attende l'Italia.

Il primo luglio, per la prima volta da tempo immemorabile, il sindacato dei diplomatici manifesta davanti alla Farnesina distribuendo fichi secchi: il semestre può contare su risorse economiche pari alla metà di quelle spese dai greci nella prima parte dell'anno. Ma è il giorno dopo, mercoledì 2 luglio, la prima tappa ufficiale del semestre: la presentazione del programma della presidenza italiana al Parlamento di Strasburgo. Il titolo del programma l'abbiamo già citato: "Europa, cittadini di un sogno". Sembrerebbe un passaggio scontato, politicamente noioso. E invece diventa il primo incubo del semestre a guida Berlusconi.

2. La Waterloo del 2 luglio

Un disastro politico. Una Waterloo diplomatica. Una performance tanto assurda che sarebbe stata bocciata anche dal più ardito autore satirico: ridendo di gusto della propria creazione avrebbe appallottolato il foglio e, gettandolo nel cestino, sospirato: «Peccato, non ci crederebbe nessuno».

Eppure accade proprio l'incredibile. Silvio Berlusconi, capo del governo italiano e da poco più di ventiquattr'ore presidente di turno dell'Unione Europea, quella mattina del 2 luglio, nella seduta inaugurale del semestre nell'aula di Strasburgo, provoca un incidente senza precedenti nella storia dell'Unione ottenendo, nell'ordine: l'apertura di un caso diplomatico con la Germania, l'esplosione di un conflitto tra organismi europei, la furente reazione della comunità ebraica, non solo italiana. Che botto per il Grande Comunicatore che proprio sul semestre europeo aveva puntato tutto il piatto: la sua definitiva legittimazione internazionale e l'iscrizione nel pantheon dei Padri dell'Europa con la firma a Roma della Costituzione che avrebbe preso il posto del trattato sottoscritto proprio in Campidoglio il 25 marzo 1957.

Tutto si consuma in tre ore. Berlusconi prende la parola alle nove. Legge il suo programma, il discorso di insediamento. Non parla a braccio, segue un testo scritto e già distribuito ai parlamentari, com'è prassi. Nessuna sorpresa: contiene l'elenco delle priorità politiche e tecniche della presidenza italiana. Sbavature zero. Le cartelle preparate dalla nostra diplomazia raggiungono l'effetto sperato. L'afflato europeista, a tratti persino lirico, gli procura qualche applauso. Certo i Verdi espongono cartelli di protesta, ma è poca roba. Nemmeno l'ombra delle contestazioni a Chirac dopo gli esperimenti nucleari di Mururoa o le polemiche dei baschi contro Aznar. Dopo tocca a Prodi. Il presidente della Commissione rinnova dubbi e perplessità sulla bozza di Costituzione e, secondo consuetudine, si sofferma sugli obiettivi dei prossimi sei mesi, elenca le cose da fare.

A questo punto si apre il dibattito. Tra gli altri parla il tedesco Martin Schulz, capogruppo socialdemocratico e vicepresidente del gruppo socialista europeo, che prima ricorda a Berlusconi di avere nella sua compagine un ministro, Umberto Bossi, che non risparmia affermazioni dal sapore razzista e poi i suoi stessi problemi con la giustizia. Il premier italiano si agita nervoso sulla sedia ma nulla lascia presagire l'atomica che sta per lanciare. Al termine dei quarantasette interventi ha a disposizione cinque minuti per replicare.

In questo poco tempo dà del kapò a Schulz e assegna agli europarlamentari l'etichetta di «turisti della democrazia». L'aula ribolle. Il presidente dell'assemblea, l'irlandese Pat Cox, impallidito, fatica a tenere la calma. Romano Prodi si è trasformato in una statua di sale. Gianfranco Fini, platealmente, ha lasciato la sua postazione accanto al premier. Poco più dietro, Rocco Buttiglione, ministro per le Politiche europee, ha l'aspetto di chi vorrebbe sparire. Più tardi Cox si sfogherà così con Berlusconi secondo «la Repubblica»: «Silvio, *what the fuck have you done!*» ('Silvio, che c... hai combinato'). Ecco, sono passate le tre ore.

Ernesto Galli della Loggia scriverà il giorno dopo nell'editoriale del «Corriere della Sera»:

> Ciò che si temeva è puntualmente avvenuto. Al suo esordio alla presidenza dell'Unione Europea Silvio Berlusconi, incalzato dai più che prevedibili attacchi, talvolta magari anche oltre il segno, di alcuni membri del Parlamento di Strasburgo, non è riuscito a mantenere i nervi saldi e la lingua a posto. Per l'Italia e per il suo presidente del Consiglio, che pure fino a quel momento aveva svolto un intervento equilibrato, il semestre europeo non poteva cominciare peggio.

Martin Schulz è un signore di 48 anni, ex calciatore professionista, barba, pancetta e occhiali, libraio di Würselen, nel nord Reno Westfalia, città di cui diverrà sindaco. L'eurodeputato tedesco – la miccia che innesca l'autodafé berlusconiano – dichiarerà ai giornali di aver voluto provocare il premier ma anche che «lui ha reagito insultando, forse è abituato ad avere obbedienza invece che dibattito politico».

Ecco la provocazione. Prima parte, tutto sommato digeribile.

> Lei, signor presidente, non è certo responsabile del quoziente d'intelligenza dei suoi ministri. Però è responsabile di ciò che dicono. Le affermazioni del ministro Bossi sull'immigrazione non sono minimamente compatibili con la Carta dei diritti fondamentali dell'Unione Europea. In quanto presidente di turno, lei è invitato a difendere quei valori. Li difenda dunque, contro il suo stesso ministro!

Seconda parte, indigesta per Berlusconi. Schulz vi arriva, con una citazione, passando:

> per il virus del conflitto di interesse, come ha detto il collega Di Pietro.

Siamo, manco a dirlo, al tema giustizia e alla situazione personale del premier. Chiede Schulz:

> Che cosa pensa di fare per accelerare l'istituzione di un pubblico ministero europeo? Che cosa pensa di fare per accelerare l'entrata in vigore del mandato di arresto europeo? Che cosa pensa di fare per il riconoscimento reciproco di documenti nei procedimenti penali internazionali? [...]. Nonostante ciò io mi rallegro del fatto che lei oggi sieda qui e io possa quindi discutere con lei. Questo lo dobbiamo non da ultimo a Nicole Fontaine, perché se Nicole Fontaine non fosse riuscita così bene a rinviare tanto a lungo le procedure per l'immunità di Berlusconi e Dell'Utri, il suo assistente che oggi è presente qui in via eccezionale, lei non avrebbe più posseduto l'immunità di cui ha bisogno. Anche questa è una novità che si può dichiarare oggi.

Trecento secondi o poco più bastano al Cavaliere per trasformare l'austera aula di Strasburgo in uno stadio nel giorno del derby. Nega l'esistenza del conflitto di interessi e pure la tesi di aver favorito l'approvazione di leggi finalizzate a risolvere i guai giudiziari suoi e dei suoi collaboratori perché, spiega,

> se ci si riferisce ai tre testi adottati con gli strumenti della democrazia in risposta ad azioni derivanti dall'esercizio di un ruolo di funzionari della giustizia mirante ad attaccare, con la giustizia, i nemici politici, ebbene si tratta solo di tre casi su trecentocinquanta, quindi appena l'un per cento.

Poca roba per lui che evidentemente è abituato a pesare anche la democrazia in percentuali.

Replica ai parlamentari del centrosinistra che contestano le sue affermazioni dicendo:

> Probabilmente gli amici e colleghi socialdemocratici dovrebbero ampliare le loro frequentazioni al di là dei colleghi italiani che trovano qui in Parlamento e dovrebbero ampliare le loro letture al di là dei giornali di estrema sinistra [...]. Forse i signori Verdi non sanno che l'hobby principa-

> le del presidente Berlusconi è quello dei fiori, del verde, dei giardini, dei parchi. E la nostra politica va nella direzione di una maggiore tutela dell'ambiente [...]. Forse non avete la conoscenza del fatto che in Italia i giornali ma soprattutto le televisioni che ancora appartengono al mio gruppo e alla mia famiglia sono tra i nostri più decisi critici.

Si ride nei banchi della sinistra e Berlusconi si scalda:

> Evidentemente vi manca il sole dell'Italia e non avete mai acceso la televisione italiana.

Sale la temperatura e Berlusconi sbotta:

> Se questa è la forma di democrazia che volete usare per chiudere le parole del presidente del Consiglio Europeo, vi posso dire che dovreste venire come turisti in Italia, ma che qui sembrate turisti della democrazia.

Infine si rivolge al socialdemocratico Schulz reo di aver dato

> una versione assolutamente caricaturale e lontana dalla realtà

dell'Italia. Scandisce:

> Signor Schulz, so che in Italia c'è un produttore che sta montando un film sui campi di concentramento nazisti. La suggerirò per il ruolo di kapò. Lei è perfetto.

Le reazioni degli esponenti italiani precedono solo di qualche secondo quelle dei colleghi degli altri paesi che ascoltano in cuffia la traduzione. L'assemblea si infiamma come una torcia imbevuta di petrolio e Berlusconi deve ripetere più volte di volersi avviare a concludere. Ma non è ancora finita. Il deputato tedesco riagguanta il microfono per far sapere che il suo «rispetto per le vittime del fascismo» gli impedisce di rispondere a tono. Tocca ancora a Berlusconi che lo accusa di averlo «offeso gravemente sul piano personale e gesticolando» quindi non ritira nulla, nulla di quanto detto, comunque, «con ironia». Se possibile Berlusconi riesce ad aggravare ancora di più la ciclopica gaffe parlando più tardi con i giornalisti ai quali ripete che la sua era «solo una battuta». Spiega che «in Italia da anni girano storielle sull'Olocausto perché gli italiani sanno ridere anche di una tragedia come quella». Le comunità ebraiche insorgono. Riccardo Pacifici, portavoce di quella romana, condanna: «È una offesa per noi tutti. Una offesa per gli ebrei, ma anche per tutti gli italiani». Il «Riformista» riporta le dichiarazioni di Amy Rosenthal, storica della Shoah: «Non si può usare questo linguaggio quando si governa, è inammissibile. Non c'è alcun rispetto della storia. Adesso Berlusconi lo ha confermato davanti a tutti [...]. È inadatto a governare», afferma rievocando l'articolo pubblicato dall'«Economist». Anche oltre Tevere si mugugna. Per il pontefice, l'Europa è sempre stata un punto decisivo di una possibile geopolitica del nuovo millennio. Nel documento da poco pubblicato "Ecclesia in Europa" ha definito solennemente le istituzioni dell'Unione «a servizio dell'uomo», come osserva un vaticanista, «il massimo riconoscimento che la Chiesa possa riservare a un organismo civile». Con questa uscita, l'Italia è meno credibile.

Il resto della giornata scivola tra la conferenza stampa dove, a tener banco, naturalmente non è il programma italiano per il semestre di presidenza; il pranzo ufficiale, nel salone d'onore al settimo piano del palazzo Louise Weiss, freddo come una cena d'addio e disertato da gran parte degli invitati, tra cui il vicepremier Fini che ha preferito ritirarsi in albergo per scrivere la dichiarazione con cui prende ufficialmente le distanze da Berlusconi. Altro appuntamento è la riunione con gli eurodeputati del PPE, il gruppo cui aderisce Forza Italia: qui il premier italiano prova a minimizzare, riparla dell'ironia e dell'intenzione di non offendere il popolo tedesco, ma di scuse a Schulz e all'Europarlamento neanche l'ombra. Il capogruppo Poettering afferma diplomaticamente che Berlusconi ha chiesto scusa e che dunque ora deve essere Schulz a fare altrettanto, ma in privato lo apostrofa duramente: «E adesso, io che ti ho fatto entrare nel PPE, cosa racconto a ottanta milioni di tedeschi?».

Poi è la volta dell'Italia, dove lo attende un ormai preoccupatissimo capo dello Stato che fa sapere di essere allibito e amareggiato e cancella il tradizionale pre-vertice settimanale con il capo del governo, atto significativo tanto più perché alla vigilia del gran pranzo al Quirinale tra governo europeo e governo italiano.

Berlusconi lascia Strasburgo e si congeda dai cronisti con aria rilassata: «Stamattina abbiamo cominciato a divertirci».

Ovviamente l'atmosfera tra Roma, Strasburgo e Berlino è tutt'altro che distesa e nessuno si diverte. Dare del kapò a un tedesco equivale a spalancare la porta dell'inferno della Shoah e dei campi di sterminio, a riaprire ferite e riaccendere istantanee di dolore, vergogna, rimorso che la Germania democratica nata sulle ceneri della follia nazista ha cercato di superare. Il kapò, secondo il «Riformista» del 4 luglio,

> era colui che per sottrarsi a una sicura condanna esercitava un ruolo di supremazia sui propri simili. La parola è un acronimo di Konzentrazionslager Arbeit Polizei, con il quale sono passati tristemente alla storia i prigionieri ebrei dei campi di sterminio chiamati a controllare i loro stessi compagni di sventura. Erano addetti a compiti terribili: dovevano occuparsi di accompagnare presso le camere a gas i condannati a morte, stando attenti a non preannunciarne la condanna. Subito dopo erano gli unici a entrare nei locali del genocidio per espoliare i resti umani dall'oro (nei denti per esempio). Poi portavano i cadaveri ai forni.

Berlusconi ha usato parole inaccettabili che il governo federale disapprova: tagliente la dichiarazione di un portavoce della Cancelleria di Berlino. Schroeder non minimizza affatto. È scoppiata la crisi diplomatica. L'ambasciatore italiano nella capitale, Silvio Fagiolo, è convocato d'urgenza alla sede dell'esecutivo, una misura straordinaria perché di solito la convocazione avviene presso il ministero degli Esteri: Fagiolo deve ascoltare la durissima condanna delle espressioni del premier italiano. A Roma ricambiano con pari moneta. Il massimo rappresentante della diplomazia tedesca, Klaus Neubert, viene chiamato alla Farnesina per sentire dalla voce del segretario generale Giuseppe Baldocci la riprovazione per «l'offesa inaccettabile alla dignità del presidente del Consiglio e delle istituzioni italiane ed europee» contenuta nelle affermazioni di Schulz. I giornali tedeschi, già poco teneri con Berlusconi a cui, per fare un esempio, «Der Spiegel» aveva dedicato la copertina alla vigilia dell'inizio del semestre definendolo "*der Pate*" ('il padrino'), grondano indignazione. Ma va male, per il Cavaliere, su tutta la stampa internazionale. Ad eccezione di qualche testata americana; del resto, sono giunte a Berlusconi le congratulazioni di George W. Bush per il suo intervento all'assemblea di Strasburgo.

E in Italia? "Bufera", "tempesta", "gelo": sono i sostantivi più gettonati nei titoli d'apertura dalla generalità dei quotidiani. Discutibile l'ironia del «Giornale», quotidiano della famiglia del premier: «Berlusconi manda a kapò un tedesco». Naturalmente non può mancare il caso RAI. Al Tg1 dell'ora di pranzo del 2 luglio il fattaccio di Strasburgo non merita attenzione ed Ernesto Galli della Loggia sul «Corriere della Sera» la bolla «un'edizione omissiva e manipolatoria fino al grottesco».

E di "gelo" verso il premier si parla anche a proposito delle reazioni dei suoi alleati di governo. Di Gianfranco Fini rimarrà l'espressione sconfortata e gelida catturata dalle telecamere durante la devastante replica a Schulz. Ma anche la dichiarazione inviata all'ANSA dalla suite del settimo piano dell'hotel Hilton, in cui dice di «capire ma non condividere» la reazione alla provocazione dell'eurodeputato tedesco e soprattutto afferma: «Nessuna accusa, per quanto faziosa, può giustificare l'epiteto di kapò nazista per un avversario politico»; dunque a suo giudizio «era meglio chiedere scusa». Il leader dell'UDC Marco Follini, prima di commentare, si fa leggere le affermazioni del collega Fini. Poi detta un algido: «Non condivido e faccio fatica a capire». Oltre naturalmente alle truppe forziste, con Berlusconi si schierano solo i leghisti, a cominciare da Bossi che sulla «Padania» sostiene che il Cavaliere ha fatto bene a paragonare Schulz «a un vecchio guitto degno di interpretare la parte di primo piano in un film dell'orrore nazista». Il capo del Carroccio non difende il premier solo perché anch'egli accusato da Schulz, ma perché in questo conflitto esploso proprio quando l'Italia prende la guida dell'UE vede un'occasione ghiotta per dare sfogo al proprio euroscetticismo. Dice infatti lo stesso giorno alla «Stampa» che a Strasburgo è andata in onda «la guerra tra chi vuole l'Europa degli Stati e chi vuole l'Europa dei popoli» e lui, come Berlusconi, vuole l'Europa dei popoli.

L'Ulivo, ancor prima che furente, è sbigottito, desolato. Francesco Rutelli vede in Berlusconi «il disprezzo» per il Parlamento europeo, un premier «fuori controllo» e, a proposito delle tre "sole" leggi su misura «una sbalorditiva ammissione del suo uso privato delle istituzioni». Secondo Piero Fassino, a Strasburgo è andato in scena un vero e proprio «8 settembre dell'Italia in Europa. Il presidente del Consiglio ha inferto un colpo terribile alla credibilità del paese».

Nel centrosinistra italiano c'è chi osserva che il semestre di presidenza italiana si è aperto e chiuso in un giorno: un record. La battuta funziona. Guadagna spazio nelle cronache dei giornali. Ma naturalmente non può tramutarsi in realtà. La presidenza italiana è cominciata malissimo ma, appunto, è appena cominciata. Per provare a riannodare i fili spezzati deve intervenire con la sua autorevolezza Carlo Azeglio Ciampi. Secondo Giorgio Battistini della «Repubblica», tra i collaboratori del Quirinale, in quelle ore roventi, il motto è: «Quando il danno è fatto bisogna cercare di recuperare in fretta».

Poco trapela, ma si racconta che la rapida ricucitura formale con la Germania dipenda in gran parte proprio da lui. Il capo dello Stato era andato in visita a Berlino nemmeno una settimana prima. L'occasione era stata offerta dall'inaugurazione della rinnovata ambasciata italiana e qui Ciampi aveva voluto personalità come il presidente della Repubblica Johannes Rau e l'ex cancelliere Kohl. Naturalmente aveva incontrato anche il capo del governo Schroeder. Proprio con la Germania il nostro presidente della Repubblica aveva voluto fissare una sorta di rapporto privilegiato, una specie di assicurazione per il semestre. Ma il kamikaze Berlusconi manda tutto per aria.

La mattina del 3 luglio Berlusconi sale al Quirinale proprio mentre davanti al Bunderstag Schroeder sta sostenendo, tra gli applausi, di attendersi le scuse del suo collega italiano. Le diplomazie hanno già lavorato. Berlusconi preannuncia una telefonata pomeridiana al cancelliere per chiudere la vicenda. Si parlerà poi di una lunga trattativa per un comunicato congiunto che, però, non vedrà mai la luce. Nel frattempo la telefonata slitta al tardo pomeriggio "per impegni" di Schroeder. Sembra di nuovo tutto saltato. Alla fine il telefono a Berlino squilla alle sette di sera: quindici minuti di conversazione, traduzione compresa. Si capisce che il tono sia ben poco conciliante. Parla da Berlino il cancelliere e da Roma una nota di Palazzo Chigi. Secondo Schroeder il premier italiano «ha espresso rincrescimento per la scelta dell'espressione e il paragone. Gli ho detto che per quanto mi riguarda questo pone fine alla vicenda». Berlusconi fa sapere di avere «riferito sulle gravi offese» ricevute a Strasburgo e di avere espresso «il rincrescimento per il fatto che qualcuno abbia potuto fraintendere il senso di una battuta che voleva essere solo ironica».

Non ci vuole molto a capire che a Berlino e Roma si dicono due cose diverse; ma mentre il cancelliere si accontenta e vuole considerare chiuso lo strappo, Berlusconi si impunta. Il giorno dopo si lancia all'attacco: non ho chiesto scusa, esclama nella conferenza stampa romana, presente Romano Prodi. Ma dalla Cancelleria tedesca la risposta arriva in tempo reale: il premier italiano, dice Bela Anda, portavoce del governo, ha espresso il suo rammarico a Schroeder e quindi di scuse si tratta; «tutto il resto sono delle questioni semantiche che non ci riguardano». E aggiunge un passaggio significativo: «Il cancelliere ha decretato chiuso l'incidente nell'interesse dell'Europa». Come a dire che la parola fine è stata apposta solo in nome dell'Europa e non certo in nome di un ritrovato feeling con l'esecutivo di Roma.

Occorrerà una lunga trattativa – sei giorni – e un'altra telefonata di "rincrescimento" per acquietare anche l'Europarlamento. All'indomani del colloquio tra Berlusconi e Schroeder, il presidente dell'assemblea di Bruxelles, il liberale Pat Cox, spinto dai capigruppo, afferma che per quanto lo riguarda «l'incidente non è chiuso» e il Cavaliere deve scusarsi per quei «turisti della democrazia» sibilato in aula il mercoledì nero. Il premier italiano non ne vuole sapere ma alla fine accetta: nessun atto formale, nessuna nota ma solo una telefonata al termine della quale è proprio Cox a definire «definitivamente superata» la crisi innescata nella seduta della settimana precedente. Naturalmente, secondo Berlusconi, non si tratta di scuse, come già accaduto con il cancelliere tedesco. Cox e gli altri leader dei gruppi europei preferiscono non dar peso alle rivendicazioni berlusconiane e incassano, come già il numero uno di Berlino, la Canossa via cavo. Il presidente dell'Europarlamento però si prende una piccola rivincita con un'intervista al «Corriere della Sera» dell'11 luglio, nella quale, mentre si limita a suggerire a Berlusconi «prudenza e serenità», traccia un peana di Ciampi: «Penso che l'alto discorso all'Università Von Humboldt e le sue sagge parole di venerdì scorso a Roma abbiano rappresentato il miglior esempio per descrivere le ragioni storiche dell'amicizia italo-tedesca».

Unico caduto sul campo provocato dal peggior esordio che si potesse immaginare della presidenza italiana, unica vittima per la quale nemmeno l'ultimo consigliere d'ambasciata ha pensato di spendere uno scatto telefonico o imbastire note che dessero ragione e torto contemporaneamente, è stato il sottosegretario al Turismo Stefano Stefani, dal 10 luglio ex sottosegretario.

Probabilmente, se Berlusconi non avesse scatenato la reazione di Berlino e acceso i riflettori sul nostro governo, nessuno avrebbe fatto caso al pezzo pubblicato da Stefani sulla «Padania» del 4 luglio in cui, partendo dal caso Schulz, descrive i tedeschi come «obsoleti parroci di campagna», persone da sottoporre «a test d'intelligenza», individui cresciuti «a roboanti gare di rutti dopo pantagrueliche bevute di birra e scorpacciate di *kartoffeln* fritte». Stefani viene preso sul serio persino dal cancelliere che comunica all'amico Bruno Bruni, pittore sessantottenne di Pesaro, di voler cancellare le sue vacanze già programmate nelle Marche. Schroeder ha trascorso venti giorni nella casa spartana dell'amico pesarese e ha lasciato sulla cappa del camino usata in veranda per le grigliate di pesce un'affettuosa scritta, firmata con un pezzo di carbonella: «*Mit grossen Dank*e». La vacanza del leader tedesco ha avuto un grande effetto traino per la riviera e, infatti, la regione Marche reclama l'intervento del governo minacciando di chiedere i danni per la «calamità naturale». È un'esagerazione, ovviamente, ma serve per recuperare il rapporto con i clienti tedeschi, dato che vari esponenti del governo di Berlino pensano – e dicono ai giornali del loro paese – che un tipo così andrebbe licenziato. Il diffusissimo tabloid «Bild», tre milioni di copie vendute, ci sguazza: "Signor Stefani, ma che ha gli spaghetti al posto del cervello?". Lui si difende negando di avercela con tutti i tedeschi e, come prova, porta il suo precedente matrimonio durato ben vent'anni proprio con una cittadina tedesca. Perciò – come Berlusconi – le scuse non le dà, semmai le vuole. Bossi la butta sulla geopolitica: «Su Stefani c'è una strumentalizzazione fomentata dalla sinistra. La questione è che c'è questo asse franco-tedesco che si scontra con l'asse atlantico». Ma anche Bossi non si sbraccia. Diversi colleghi, a partire dal titolare della Farnesina Franco Frattini, bacchettano il senatore leghista. Fini lo definisce uno «stupido» e forza la mano a Berlusconi per la richiesta di dimissioni. Chieste, date. Ma non senza uno sfogo dal palco del comizio di turno: «Nessuno della Lega è attaccato alla *cadrega*. Non ce ne frega un c… delle sedie. Certo è curioso che venga colpevolizzato l'unico che ha usato la propria voce per lavare un oltraggio fatto al nostro paese».

Il 7 luglio, Renato Mannheimer rende nota un'indagine sulle reazioni degli italiani dopo l'avvio del semestre: da metà giugno, in meno di un mese, la percentuale di chi esprime un atteggiamento favorevole verso la presidenza del semestre è calata di 23 punti, anche se prevale ancora il sentimento di attesa.

Il 16 luglio, due settimane dopo l'incidente Schulz, in Norvegia, l'associazione euroscettica "No to the UE", che dal 1988 si batte contro l'ingresso del paese nell'Unione, fa affiggere dei giganteschi cartelloni pubblicitari stradali con una foto sorridente del Cavaliere in stile campagna elettorale 2001. Non si tratta dell'arrivo di Forza Italia a Oslo; sotto lo sguardo sorridente e rassicurante di Berlusconi, l'associazione norvegese ha aggiunto una frase inequivocabile: «Comprereste un'auto usata da quest'uomo?».

Sarà il solito complotto e i complottatori non hanno la nostra simpatia, ma come inizio semestre non c'è che dire.

3. Silvio l'americano

All'indomani della vittoria di George W. Bush nelle elezioni presidenziali americane, l'onorevole Gustavo Selva, capogruppo di Alleanza Nazionale, prese la parola nell'aula della Camera dei Deputati per mandare un indirizzo di saluto al nuovo inquilino della Casa Bianca. Lo fece però con un tale trasporto lirico che alcuni colleghi della allora maggioranza di centrosinistra pensarono bene di organizzargli uno scherzo: falsificata una carta intestata del Partito Repubblicano, contattarono l'esponente di AN a nome di un certo Nick Caruso che, spacciandosi come uomo di collegamento dei repubblicani americani in Italia, lo invitava a cena assieme ad altri deputati per ringraziarlo dei suoi sentimenti di amicizia. Caruso, in realtà un collaboratore del gruppo parlamentare dei popolari, dominò un'intera serata parlando un italiano storpiato ad arte e, tallonando da destra il povero Gustavo Selva su temi sensibili quali la pena di morte, il bisogno di una democrazia più severa, la giustizia, invitava gli amici italiani dei repubblicani americani a non rammollirsi. La performance fu talmente convincente che alcuni parlamentari dell'Ulivo, invitati ad assistere allo scherzo e pur preventivamente informati della cosa, si persuasero in realtà nel corso della cena dell'autenticità dell'improbabile Nick Caruso.

L'episodio qui narrato, che non ha alcun valore probatorio nell'analisi politica, ci serve per riflettere su un cambiamento avvenuto nel rapporto fra la politica italiana e quella americana. Fin quando nel nostro paese è resistito il tradizionale sistema politico ed elettorale, cioè fino ai primi anni Novanta, è stato sempre scarsamente avvertito il bisogno di identificarsi con una controparte d'oltreoceano. La politica americana veniva guardata con attenzione ma sempre con la precauzione mentale di una radicale diversità di contesti, regole, linguaggi. L'immersione del nostro paese nel maggioritario, la "personalizzazione televisiva" della politica, il coinvolgimento profondo del presidente Clinton, durante i suoi otto anni di governo, nella prima discussione su una possibile piattaforma politica riformista internazionale crearono un meccanico ma fortissimo effetto di identificazione della destra italiana nel Partito Repubblicano. È anche per questa ragione sommaria che la vittoria sofferta di Bush nel novembre del 2000 venne salutata da Berlusconi come un altro segno augurale di una imminente vittoria in Italia.

Henry Kissinger scrive nelle sue memorie che «ci fu un tempo in cui gli scambi politici fra americani e italiani consistevano nei saluti all'aeroporto». Non c'è dubbio che l'interesse americano per il nostro paese fu invece massimo nell'epoca della guerra fredda, da un lato a causa della nostra delicata posizione geografica, dall'altro per l'assoluta anomalia della presenza di un fortissimo Partito Comunista che manteneva relazioni intense con Mosca.

Con la fine della guerra fredda, l'interesse americano verso l'Italia è calato, mentre quello italiano verso gli Stati Uniti è decisamente aumentato, sia sotto il profilo politico che sotto quello culturale. La televisione commerciale è stata un ottimo mezzo di penetrazione all'interno della società italiana e Silvio Berlusconi non ha mai fatto mistero di essersi sentito uno strumento potente di quella interazione. Ma, anche sotto il profilo politico, il premier ha sempre evidenziato in ogni occasione gli elementi di vicinanza culturale, soprattutto con la parte repubblicana: la preferenza per uno Stato minimo che riduca il prelievo fiscale, alleggerisca il peso del welfare e valorizzi l'intrapresa individuale, l'esaltazione della flessibilità e della meritocrazia, il richiamo ai valori tradizionali di una società solida e semplice, la predisposizione verso la politica spettacolare e i gesti simbolici, l'allergia istintiva per tutto ciò che richiama la sinistra, il progressismo, il valore dell'uguaglianza. Anche l'attenzione verso i più deboli – che in un programma politico non guasta mai – nel Cavaliere è più comodamente riconducibile alla categoria del "capitalismo compassionevole" coniata da Bush che all'impegno inclusivo che considera i bisogni fondamentali un diritto universale da garantire, tipico dei modelli di welfare europeo. Una spruzzatina finale di antagonismo ideologico in una società in cui – come dice Giuliano Amato – «il comunismo è morto, ma l'anticomunismo è vivissimo» è stato l'ultimo ingrediente di successo della ricetta Forza Italia.

L'ammirazione per gli americani e l'emulazione dei loro comportamenti politici sono state dunque per Silvio Berlusconi un comportamento semplice da assumere, un'inclinazione naturale. Anche quando alla Casa Bianca hanno preso campo i neoconservatori e le loro teorie di rapido impatto e di dubbio risultato – l'America ha una supremazia naturale e una missione da compiere, che agli altri piaccia o no – Berlusconi non ha trovato niente da obiettare; in fondo sia Gianni De Michelis che Giuliano Ferrara, per citare due ascoltati consiglieri, hanno visto più opportunità che rischi nella nuova dottrina strategica americana e hanno invitato il presidente italiano a giocare la partita.

La lettura della politica estera di Berlusconi in chiave filoamericana è così, al tempo stesso, semplice ma potenzialmente vastissima. È semplice poiché è netta, senza sfumature e contraddizioni: mai in due anni, qualunque sia stata la posizione assunta da Washington, Palazzo Chigi ha avuto nulla da obiettare, correggere, integrare. È potenzialmente vastissima, poiché non esistono reali delimitazioni del campo dai dettagli alle visioni di carattere generale.

Berlusconi sposa *tutte* le posizioni assunte dall'amministrazione nel corso della crisi irachena, non esitando a contribuire alla divisione dell'Europa quando si tratta di firmare la "lettera degli Otto"; condivide l'idea di Europa che si ha a Washington, un'Europa larga e debole politicamente che includa l'alleato turco e strizzi l'occhio a Russia e Israele; appoggia in ogni momento la politica di Sharon anche quando questo sostegno incrina l'unità europea e dichiara alla vigilia del semestre di recarsi là in visita «per conto di Bush». In questa chiave, perfino gesti semplici come il *restyling* della sala delle conferenze stampa di Palazzo Chigi diventano occasione per imitare – mantenendo per fortuna lo stellone simbolo della Repubblica italiana sul podio del relatore – il format di comunicazione della Casa Bianca.

Il trasporto entusiasta verso gli Stati Uniti è condiviso da larga parte della squadra dei ministri a lui più vicini, che adottano comportamenti, intenzionali o casuali, sempre atti a favorire l'amico americano.

Il distacco dal consorzio che intende costruire l'aereo A400M, deciso da Martino nell'autunno 2001, è solo il primo di una serie di atti che spostano le alleanze industriali italiane dall'Europa continentale verso l'asse anglo-americano; la decisione del ministro Gasparri nell'ottobre 2001 di bloccare la vendita di RAI Way alla società americana Crown Castle per 390 milioni di euro è motivata dalla contrarietà del ministro a cedere infrastrutture di comunicazione ritenute strategiche, ma si traduce in un vantaggio oggettivo per la compagnia a stelle e strisce che si era impegnata ad acquistare a un prezzo nel frattempo divenuto fuori mercato perché troppo elevato.

Quando inizia il semestre di presidenza italiana, l'agenda dei temi che dividono le due coste dell'Atlantico è lunga e complessa: si parte ovviamente dalla questione più conosciuta e controversa, ossia la diversità di vedute su guerra e dopoguerra iracheno, ma la maggior parte degli altri dossier sono tutti di natura economica. L'Europa vive un momento di forza straordinaria della moneta comune ma contesta al governatore della Federal Reserve una strategia fondata sulla svalutazione del dollaro come arma pesante per il rilancio dell'economia americana dopo che il taglio delle tasse e il pesante indebitamento provocato dall'"economia di guerra" non hanno prodotto il rimbalzo sperato; il commissario alla concorrenza Mario Monti ha ancora aperto sul tavolo il dossier relativo alla posizione dominante di Microsoft che ha chiuso le sue vertenze solo negli Stati Uniti; Airbus sta vivendo un anno assai positivo nei confronti di Boeing ma le due compagnie si rinfacciano la presenza di aiuti occulti di Stato che violano la libera concorrenza; il WTO ha autorizzato l'Unione ad applicare 4 miliardi di dollari di dazi su una lista di 1.866 prodotti americani contro gli sgravi fiscali illegali concessi dagli Stati Uniti a proprie multinazionali; vi è infine una pesante rottura, sempre in seno al WTO, sulla questione degli OGM (organismi geneticamente modificati), un tema che ha ricompattato l'Europa su una scelta relativa alla diversa qualità dell'alimentazione ma che vale circa 300 miliardi di dollari per le esportazioni americane. Per completezza, va aggiunto che a giugno pende ancora davanti al WTO – che darà ragione all'Europa nell'ottobre 2003 – il contenzioso sugli aiuti di Stato che la Casa Bianca concede alla produzione nazionale di acciaio e che vale un'altra montagna di denaro.

Quasi tutti i temi elencati – grazie all'integrazione comunitaria raggiunta sulle materie economiche – rientrano nella competenza della Commissione e non coinvolgono dunque le responsabilità di chi guida il semestre, ma rappresentano bene la temperatura dei rapporti fra Europa e Stati Uniti.

Se il Vecchio Continente può riporre qualche speranza in Berlusconi, questa dunque si può fondare sulla sintonia umana e politica fra i due presidenti. Del resto, ricordiamo che lo stesso Cavaliere si è impegnato a ridare "spessore e dinamismo" all'antica amicizia fra i due pilastri della comunità occidentale. E, pur non essendo in programma alcun vertice ufficiale Stati Uniti-Unione Europea, gli alleati attendono con curiosità cosa potrebbe accadere nell'incontro bilaterale fra Bush e Berlusconi il 21 e 22 luglio.

Crawford, Texas, un centinaio di chilometri a sud di Dallas, 731 abitanti e 11 *souvenir shops*: qui, nel 1999, George W. Bush, già governatore dello Stato, ha comprato una proprietà di 650 ettari, con prati a distesa, boschi, un piccolo canyon, una cascata e tanti animali liberi, e ha edificato ciò che i locali chiamano pomposamente "*Western White House*", la Casa Bianca Occidentale. Si tratta del *buen retiro* di famiglia, un tradizionale ranch di montagna denominato *Praire Chapel*, la Cappella della Preghiera, con annesso un rustico adattato a *guest house* con aria condizionata, dove il presidente americano trascorre i momenti liberi, dividendosi con l'altra residenza ufficiale di Camp David.

Il Cavaliere sbarca dall'elicottero alle 16 del 21 luglio accompagnato dall'ambasciatore Sergio Vento, dal consigliere diplomatico Gianni Castellaneta e dal sottosegretario Paolo Bonaiuti. Lo riceve il presidente, a sua volta coadiuvato dall'ambasciatore Mel Sembler e dal consigliere per la sicurezza nazionale Condoleezza Rice.

Silvio Berlusconi è il quarto leader politico al mondo ad avere completato il grande slam, ad avere cioè incontrato il presidente americano a Washington, a Camp David e a Crawford: prima di lui, solamente Tony Blair, José María Aznar e il premier giapponese Koizumi. Del resto, come scrive quel giorno il «Washington Times», siamo davanti al «governo italiano più filoamericano della storia moderna». Berlusconi ha già incontrato Bush alla Casa Bianca nell'ottobre 2001, nel settembre 2002 e a gennaio del 2003. Per l'occasione, si è fatto precedere da un'intervista a tutto campo rilasciata a «Time» della quale vale la pena di leggere alcuni stralci per comprendere la comunione umana, prima che politica, che lega i due:

> Alcuni europei non capiscono che dopo l'11 settembre il mondo è radicalmente cambiato. Il 10 novembre 2001 noi abbiamo organizzato, nella più bella piazza di Roma, una manifestazione di solidarietà a un paese attaccato e offeso, esponendo la bandiera americana. Siano stati gli unici a farlo e ne siamo fieri [...]. Condividiamo la chiarezza con cui diciamo le cose: sì è sì, no è no. Condividiamo anche l'idea che il leader deve mostrare la strada giusta alla propria gente. Ci siamo incontrati due anni fa, ma mi sembra di conoscerlo come conosco i miei vecchi compagni di scuola... Io mi chiamo Silvio, non Cesare o Augusto. Ma la tradizione del pensiero politico filtrata in Italia da Machiavelli dice una cosa con chiarezza: tutti i principi hanno bisogno di alleati. Più responsabilità hanno, più alleati occorrono.

Superato lo shock del caldo texano – 39,8° con il 78 per cento di umidità al momento dell'arrivo – e ricevuta l'attrezzatura necessaria – cinturone e stivaletti – la visita entra nella sua dimensione politica. Quel giorno, in realtà, come analizza la stampa internazionale, l'incontro fra "*Big B*" e "*Little B*" è l'incontro fra due debolezze: Berlusconi ha appena saputo dei primi attacchi contro militari italiani in Afghanistan; Bush è nel suo momento peggiore. Il bilancio federale, che ha ereditato da Clinton in una situazione di avanzo record di 250 miliardi di dollari, è sprofondato nel baratro di 455 miliardi di deficit con una previsione di oltre 600 miliardi a fine anno: si tratta di un dato che triplica la peggiore previsione stimata prima della guerra; la disoccupazione è risalita oltre il 6 per cento e l'economia, al netto di quella legata alla guerra, langue gravemente; in Iraq prosegue lo stillicidio degli attacchi che ha provocato tre morti anche il giorno prima: di lì a poche settimane arriverà il fatidico giorno in cui le vittime americane del dopo conflitto supereranno i caduti in combattimento; il Congresso ha messo sotto pressione il presidente dopo che è stato dimostrato con chiarezza che la presunta vendita di uranio dal Niger all'Iraq, provata da un dossier diplomatico proveniente proprio da Roma, è in realtà un bidone malamente confezionato e controllato ancora peggio dai servizi americani: è il cosiddetto *Nigergate.*

Le due debolezze possono però diventare una forza: Bush ha iniziato a invocare pubblicamente l'ONU, poiché avverte drammaticamente il bisogno di internazionalizzare la crisi irachena e i suoi costi e poiché comprende che la risoluzione 1483 non è sufficiente per coinvolgere un'Europa riottosa. Berlusconi, pur in visita su base bilaterale e non a nome dell'Europa, potrebbe sfruttare il clima rilassato e informale e la propria speciale amicizia per farsi portatore di un messaggio da parte del Vecchio Continente e rilanciare in modo serio il dialogo multilaterale così lesionato negli ultimi mesi.

Dopo un giro sul pick-up bianco del presidente, un grande barbecue, la notte al ranch, mezz'ora di jogging mattutino assieme e un briefing sull'Iraq con lo staff presidenziale, si arriva alla conferenza stampa finale.

Bush si profonde in elogi per l'amico italiano, parla della nuova possibilità che si apre con la *road map* dopo che Abu Mazen ha preso le redini del governo palestinese e lancia il vero affondo della giornata politica: «Stiano attenti l'Iran e la Siria poiché continuano a proteggere i terroristi e questo è un comportamento del tutto inaccettabile». La conferenza va avanti in forma di monologo, finché Bush invita l'ospite a dire la sua a proposito dei temi trattati. Il Cavaliere è preso in contropiede; tirato il fiato esordisce con un «No, no. Condivido completamente quello che il presidente ha appena detto». Poi, superato l'imbarazzo, la consueta *pièce* sull'amicizia con gli Stati Uniti, per terminare così:

> Stamattina ho assistito a una riunione assieme al presidente. Sono impressionato dal carico di responsabilità del presidente Bush. Sarebbe davvero importante per i cittadini occidentali sapere con quanta attenzione, spirito di sacrificio e generosità il presidente segua tutti gli sviluppi del mondo che possono portare una minaccia alla pace e alla stabilità. Mi preparo a tornare in Europa e in Italia riportando ai miei alleati questo messaggio: che noi dobbiamo rivitalizzare la forza della nostra coesione e dell'unità anziché coltivare la cultura della divisione.

Conclude quel giorno Vittorio Zucconi su «la Repubblica»:

> Dunque, non ha portato lui a nome degli europei un "messaggio" a Bush, ma ne porta uno di Bush a noi, anche a rischio di apparire, nelle sue stesse parole, come il postino dell'impero. Anche se non ha trovato nulla da obiettare quando Bush ha detto le cose più importanti del suo discorso, attaccando violentemente Iran e Siria.

Tre mesi esatti più tardi, il 21 ottobre, infuria negli Stati Uniti il dibattito su chi possa essere il prossimo obiettivo della Casa Bianca: "*What's next?*" titolano alcuni commenti e in molti rispondono Iran, pensando così di vendicarsi con un altro cambio di regime degli aiuti forniti dagli sciiti iraniani agli sciiti iracheni. Nello stesso giorno una troika formata da Dominique de Villepin, Jack Straw e Joschka Fischer, ministri degli Esteri rispettivamente di Francia, Gran Bretagna e Germania, arriva a Teheran per una missione delicatissima concordata solo tre giorni prima. Da mesi, gli Stati Uniti hanno avanzato il sospetto che in Iran si sia ricominciato a lavorare alla bomba atomica, utilizzando le conoscenze accumulate per la produzione di energia nucleare per scopi civili. Da mesi l'AIEA, l'Agenzia Internazionale per l'Energia Atomica, che ha sede a Vienna, ha chiesto agli ayatollah di poter inviare propri ispettori a verificare che non si stia violando il trattato di non proliferazione nucleare. Il tempo è trascorso e si avvicina il 31 ottobre, data oltre la quale il presidente dell'AIEA Mohammed El Baradei si troverebbe costretto a rivolgersi al Consiglio di Sicurezza delle Nazioni Unite. Insomma, ci sono tutti gli estremi per ricominciare il film appena girato nel vicino Iraq.

Dopo due ore di discussioni serrate faccia a faccia, il presidente Khatami concorda un testo, una specie di "dichiarazione di intenti" che verrà firmata da Rohani, capo del Supremo Consiglio per la sicurezza nazionale, con la quale l'Iran si impegna a sottoscrivere il cosiddetto protocollo aggiuntivo del trattato di non proliferazione nucleare: in buona sostanza, a sospendere la produzione di uranio arricchito. I tre paesi europei si impegnano, tramite la dislocazione in Iran di "superesperti" alle dipendenze dell'AIEA, a verificare il rispetto dell'intesa e fungere da garanti dell'accordo.

È un'importantissima vittoria diplomatica; diremmo, con poche esitazioni, la più importante del semestre, forse dell'intero 2003: George W. Bush considera l'Iran uno "Stato canaglia" e – si sa – quando si viene messi su quella lista non c'è da stare allegri. È lo stesso Iran che Bush aveva avvertito davanti all'annuente Berlusconi. Ma talvolta – lo pensa da tempo Joseph Nye che su questo ci ha scritto un libro in risposta alle tesi neoconservatrici di Robert Kagan – il *soft power* costa meno ed è più efficace dell'*hard power*. Fischer chiama al telefono Strasburgo e informa Frattini del successo della missione. L'Italia che aveva scritto il giorno prima una lettera con la quale si diceva di «appoggiare l'iniziativa, non ritenendo però di associarsi alla luce della propria funzione di presidente dell'Unione Europea» (e allora a che serve presiedere l'Unione?) si congratula per il risultato. L'opposizione attacca: secondo Fassino «si tratta di un'altra triste manifestazione dell'irrilevanza della presidenza europea». Il ministro degli Esteri replica che il documento firmato «corrisponde alla richiesta che prima i ministri degli Esteri e poi i capi di Stato e di governo avevano avanzato», non rispondendo però al nodo politico sollevato, cioè al ruolo attivo della presidenza italiana. Il sipario si chiude con uno Schifani di giornata che manda in scena il numero consumato dell'orgoglio ritrovato: «Quando la sinistra governava, l'Italia era la Cenerentola d'Europa, mentre ora con il governo Berlusconi la penisola gioca un ruolo di primo piano sugli orizzonti internazionali e di guida dell'Unione Europea».

4. La mia terra santa

«Gli Stati Uniti insistono perché io segua da vicino la trattativa tra israeliani e palestinesi». Alla riunione del G8 di Evian, Silvio Berlusconi accende così i riflettori sulla sua prossima visita in Israele, agganciando il proprio vagone al treno di George W. Bush che, proprio nelle ore in cui il premier italiano chiacchiera con i giornalisti nella cittadina sul lago Lemano, s'è imbarcato sull'Air Force One diretto in Medioriente.

Siamo agli inizi del giugno 2003 e la comunità internazionale sa di avere a disposizione poco tempo ancora perché la *road map* possa compiere passi significativi: da gennaio 2004 partirà negli USA la lunghissima campagna elettorale presidenziale e George W. Bush, in cerca del secondo mandato, avrà meno libertà di azione e molti più condizionamenti interni. L'Unione Europea fa parte con gli Stati Uniti, la Russia e le Nazioni Unite del cosiddetto "Quartetto", un organismo a cui è stato affidato il compito di monitorare e coadiuvare il percorso della *road map*.

In una fase particolarmente delicata sul fronte mediorientale tocca all'Italia la presidenza dell'Unione e, quindi, rappresentare l'Europa all'interno del Quartetto.

Ancor prima del passaggio di consegne dal greco Simitis, il presidente italiano atterra in Israele e subito si capisce che su questo terreno, nei sei mesi successivi, proverà a giocare un ruolo diverso da quello, fin lì ricoperto dall'Unione, di tradizionale equidistanza tra israeliani e palestinesi: ad esso si sono attenuti tutti i governi che ruotavano alla presidenza dell'UE. Non sarà così per l'Italia di Berlusconi che dalla cabina di regia di Bruxelles compie una decisa torsione anche della politica estera italiana: in qualche modo, attraverso il semestre, solennizza questa inversione di rotta e colloca l'Italia in una posizione non più *super partes*, ma a fianco di Israele e del governo di Ariel Sharon, una posizione molto più simile a quella degli Stati Uniti di Bush che all'Europa dei Quindici.

Questo viaggio, che Berlusconi suole più spesso nelle sue dichiarazioni definire «tour» piuttosto che «visita», nasce sotto l'egida a stelle e strisce già nelle parole dello stesso leader italiano che in più occasioni ripete di recarsi in Medioriente «su mandato di Bush». Dice di aver ricevuto la consegna di «raccogliere» i risultati degli sforzi compiuti, anche nelle precedenti settimane, dall'amministrazione di Washington. Prima della partenza, inoltre, neanche uno scambio di idee con Javier Solana, alto rappresentante dell'Unione per la politica estera né, tanto meno, l'invito a prendervi parte: forse solo una dimenticanza e non un atto voluto, ma che comunque segnala il distacco da quella linea europea che pure di lì a qualche giorno sarà chiamato a rappresentare. E infatti la distanza tra la posizione di Berlusconi e quella sostenuta dagli altri governi europei si materializza immediatamente. Ricevuto da Sharon che lo gratifica di un accreditamento impegnativo («L'Italia è il paese europeo più amico e vicino»), il premier italiano fa sapere di non avere alcuna volontà di incontrare, nel corso del suo tour, Yasser Arafat, presidente dell'Autorità Nazionale Palestinese, messo di fatto al bando da israeliani e americani, ma non dagli europei. Niente colloquio con il grande vecchio di Ramallah, rispondono i dirigenti palestinesi, niente colloquio con il capo del governo Abu Mazen: così Berlusconi riparte avendo ascoltato solo una parte e prova a cavarsi d'impaccio dando notizia di un avvenuto contatto telefonico con la dirigenza palestinese e annunciando che Abu Mazen sarà in Italia a fine luglio.

Ma non c'è solo l'incidente diplomatico. Le cronache puntano l'indice anche su una gaffe, almeno stando al registro della diplomazia internazionale: Berlusconi giustamente ricorda gli ottocento israeliani vittime del terrorismo ma dimentica di menzionare i duemilaquattrocento morti palestinesi, in grandissima parte civili, molti dei quali caduti nelle azioni di ritorsione.

La sortita italiana in Medioriente provoca reazioni negative in Europa. La più esplicita è quella del ministro francese Dominique de Villepin, ma anche nelle altre capitali non va meglio: l'ormai prossimo presidente di turno ha contravvenuto a un orientamento chiaro dell'UE che, dopo il veto di Sharon a incontrare chi avesse visto Arafat e la decisione dell'amministrazione USA di mettere fuori gioco l'anziano leader dell'OLP, aveva stabilito di continuare nei rapporti con Arafat.

De Villepin e Solana, ma anche altri leader di paesi non europei, avevano avuto recentemente incontri e visite nel convincimento che, comportandosi in maniera opposta, sarebbe stata indebolita proprio la capacità di Abu Mazen di rappresentare con efficacia il suo popolo, mentre l'estremismo palestinese avrebbe avuto gioco facile nel gettargli addosso la divisa di burattino degli israeliani e degli occidentali.

Se in questa vicenda Berlusconi e il governo italiano si segnalano per una linea chiaramente "altra" rispetto a quella dell'Europa e per un comportamento che pare voler esplicitamente affermare un'autonomia, una dimensione soggettiva di *playmaker* internazionale, non così era avvenuto circa un anno prima, al tempo della cosiddetta "crisi di Betlemme".

Come si ricorderà, per oltre un mese la Chiesa della Natività era stata occupata da militanti palestinesi. Al termine di una drammatica e complessa trattativa internazionale, con la città occupata dai blindati israeliani, gli occupanti e i frati senza più acqua, cibo ed energia elettrica, venne chiesto all'Italia di ospitare i tredici prigionieri rilasciati ed espulsi poiché considerati indesiderati ma, nonostante le pressioni degli Stati Uniti, della comunità internazionale, della Santa Sede e l'intervento di Giulio Andreotti, il governo rifiutò categoricamente.

In questo caso non c'è solo Berlusconi sulla scena. È l'intera alleanza a mostrare ostilità: si va dalla Lega, contraria a ospitare tredici militanti musulmani, ad Alleanza Nazionale il cui leader, Gianfranco Fini, è mosso costantemente dall'obiettivo di aprirsi la strada verso Israele e non vuole urtare la suscettibilità del governo di Tel Aviv, mentre, a nome dell'UDC, Marco Follini rivela la preoccupazione di non ripetere la pessima esperienza del governo D'Alema e dice no a ospitare «tredici piccoli Oçalan». «La questione dell'accoglimento è improponibile», detta il ministero degli Esteri chiudendo ogni spiraglio.

Nella controversa vicenda – come denuncerà il vicepremier: «si sono mossi in tanti, in troppi, è stata condotta da strani protagonisti» – si comprende il fastidio dell'esecutivo italiano per non essere stato coinvolto se non a processo già avanzato. Si comprende anche l'ambizione del premier di poter svolgere un ruolo da protagonista: così Berlusconi, nel pieno della crisi, fa sapere di essere disponibile a una sorta di scambio, il disco verde all'ingresso dei tredici palestinesi contro l'indicazione dell'Italia quale sede della conferenza internazionale per la pace in Palestina. Scrivono a questo proposito Filippo Andreatta ed Elisabetta Brighi:

Svanita l'opportunità di far apparire l'Italia al centro della diplomazia mondiale e presentarsi agli occhi del mondo come un vero e proprio broker internazionale, Silvio Berlusconi puntava i piedi e invocava come soluzione allo stallo della crisi l'entità che il governo aveva passato ormai molti mesi a denigrare: l'Europa. Gianfranco Fini definiva la crisi come «un'ottima opportunità per cominciare a costruire una politica estera comune» mentre il presidente del Consiglio proponeva che fosse l'Europa a farsi carico dei tredici palestinesi prigionieri della Chiesa della Natività.

Indubbiamente sorprende l'improvviso afflato europeista del centrodestra, soprattutto se si pensa alle cannonate dirette all'indirizzo di Bruxelles solo qualche settimana prima dalla Lega, nel congresso di Assago, fra l'assordante silenzio dei big della maggioranza. La ragione? È spiegata da Stefano Folli sul «Corriere della Sera» in quei giorni: «L'Italia non se la sente di sbrogliare da sola la matassa e chiede aiuto ai suoi partner con l'argomento che l'Europa, finora più o meno assente dalla vicenda, ha un'ottima occasione per dimostrare il suo istinto solidale e la sua coesione politica». Il 9 maggio l'intesa è raggiunta. In sede europea. Un vertice dei quindici ministri degli Esteri stabilisce che sei paesi dell'UE, tra cui l'Italia, avrebbero accolto i prigionieri palestinesi, nel frattempo "parcheggiati" sotto scorta militare in un albergo a Cipro.

Come si è detto, la linea adottata dal governo di centrodestra modifica la tradizionale collocazione dell'Italia nello scenario mediorientale facendo pendere la bilancia nel verso del piatto israeliano. Un'altra testimonianza la offre la dichiarazione del vicepremier favorevole alla costruzione del Muro voluto da Sharon per impedire l'ingresso dei palestinesi dai Territori. Nel suo tanto sospirato viaggio nella terra di Gerusalemme Gianfranco Fini afferma che quel Muro è «uno strumento di autodifesa» e i giudizi negativi che provengono da ogni dove sono, per lui, frutto di «un pregiudizio evidente». Ricorderà qualche giorno dopo il presidente dei DS Massimo D'Alema che il governo italiano è stato «l'unico al mondo» a giustificare la creazione del Muro e con la posizione espressa da Fini ha scavalcato perfino l'amministrazione USA che nelle stesse ore, attraverso Bush, «limitava l'apertura di credito verso Israele proprio per esercitare una pressione e frenare la costruzione della barriera». In un'altra occasione il centrosinistra italiano accusa Berlusconi di aver assunto una linea che abbandona l'"equivicinanza" rispetto ai due popoli in conflitto in Medioriente e isola il nostro paese: a dicembre, a Ginevra si ritrovano i protagonisti israeliani e palestinesi, rispettivamente guidati dall'ex ministro della Giustizia Yossi Beilin e dall'ex responsabile dell'Informazione Yasser Abed Rabbo, che da tempo lavorano a un piano di pace, il "patto di Ginevra" appunto, che non è un progetto vago ma fondato su tre precisi punti: il tracciato dei confini della Cisgiordania, lo statuto di Gerusalemme e la questione dei profughi palestinesi. A questo sforzo coraggioso e testardo guardano con speranza da tutto il mondo: l'Europarlamento ha votato praticamente a maggioranza assoluta in favore del progetto di intesa, Kofi Annan l'ha incoraggiata e perfino dal segretario di Stato USA Colin Powell sono giunti segnali positivi. A Ginevra, il primo dicembre, arrivano messaggi di incoraggiamento da tutte le principali capitali europee e dal presidente della Commissione, Romano Prodi. E l'Italia? Silenzio completo. E assordante. Afferma Francesco Rutelli, presente a Ginevra come Massimo D'Alema, ricordando la simpatia e il sostegno all'iniziativa diffuse in tutto il continente: «Se c'è un'anomalia in Europa, questa è l'Italia. Tanto più vistosa in quanto in questo semestre di presidenza avremmo dovuto rappresentare tutta l'Unione».

Nel rapporto tra il governo Berlusconi e la questione mediorientale esiste una costante, un dato di continuità che, con andamento carsico, ritorna puntualmente negli appuntamenti internazionali o nei colloqui bilaterali del premier. È il cosiddetto "piano Marshall" che il presidente del Consiglio inventa e difende da due anni a questa parte. Ma fino ad ora non è andato oltre l'esposizione e il permanente "rilancio".

Acquista notorietà nel novembre 2001 in un bilaterale a Granada con la Spagna. Continua al vertice di Cáceres, nel febbraio successivo, un summit dove in realtà il ruolo di Berlusconi non viene tanto ricordato per il piano che dovrebbe rilanciare l'economia e lo sviluppo della Palestina ma per le corna fatte al ministro degli esteri spagnolo Josep Piqué nella foto di gruppo finale e per quella scarpa tolta dalla sua legittima collocazione e mostrata ai cronisti quale prova di non usare alcun marchingegno per apparire più alto.

Il corposo fascicolo finisce nella documentazione dei quindici capi di governo dell'Unione riuniti il mese successivo a Barcellona. Per la prima volta appare nero su bianco: prevede centomila nuovi posti di lavoro stabili da realizzare in un anno, zone industriali, superstrade tra Gaza e la Cisgiordania, parchi scientifici, laboratori e anche un porto. Spesa prevista: 6,2 miliardi di euro per i primi cinque anni. Racconta sul «Corriere della Sera» l'inviato Maurizio Caprara:

> C'è tutto Berlusconi in questo piano: il costruttore e il sognatore, il venditore e il politico, in definitiva il capo di governo-imprenditore talmente diverso dagli altri primi ministri da aver spinto alcuni di loro, ancora una volta, a guardarlo con un misto di diffidenza e curiosità.

Ricompare con grande frastuono al G8 di Evian, nel giugno scorso. «Adesso», dirà comunque Berlusconi, «ci sarà bisogno di rivisitarlo e aggiornarlo dopo gli ultimi avvenimenti». Naturalmente il presidente del Consiglio italiano ne parla anche con il primo ministro di Tel Aviv nei giorni successivi e Sharon lo ribattezza "piano Berlusconi" per la soddisfazione del Cavaliere.

E poi che succede durante il semestre? Si arriva a dicembre, ultimi giorni della presidenza italiana e questa volta è il titolare della Farnesina, Franco Frattini, a ritirarlo fuori. Dice il nostro ministro degli Esteri che l'Italia intende perseguire gli sforzi per il lancio del piano Marshall e che il nostro paese ha stanziato 77 milioni di euro, più o meno 140 miliardi di lire!

In attesa del prossimo vertice internazionale. Dove, magari, il presidente del Consiglio annuncerà per l'ennesima volta il lancio del "piano Berlusconi". Con una lavagna?

5. Preferisco Putin

Dalle sue ragazze, Eleonora e Barbara, pretende che lo chiamino "zio Vlad" e Berlusconi stesso, proprio come farebbe un affettuoso parente pieno di quattrini, ne ha ospitato le figlie Maša e Katja l'altra estate sulla Costa Smeralda. L'anno scorso, poi, gli ha aperto le porte di Villa Certosa per qualche giorno di relax a imitazione delle "vacanze tra grandi" a Camp David o nel ranch texano di Crawford, con tanto di *golf cart* per spostarsi e apparire davanti ai giornalisti in versione strettamente casual. Di diverso, rispetto alle dimore e alle abitudini d'oltreatlantico, solo la musica di Apicella, le canzoni di Tony Renis, le romanze di Andrea Bocelli e la finale della supercoppa Milan-Porto, vinta dai rossoneri con un gol "ex sovietico" dell'ucraino Shevchenko.

Vladimir Putin è, per Silvio Berlusconi, insieme un "vero amico" e anche un "pari": sì, insomma, nessuna soggezione verso lo zar democratico della Federezione Russa, l'uomo che governa la seconda potenza militare del mondo e segue solo George W. Bush – non a caso altro "sincero amico" del premier italiano – per peso politico esercitato in ogni angolo del pianeta. Si sente legato al presidente russo da quella che considera una caratteristica comune: nessuno dei due è un politico professionista. E poco pare valere il fatto che Putin viene dalla guida del KGB, il potentissimo servizio segreto dell'ex Unione Sovietica dedito, tra l'altro, a fare e disfare Stati e governi, e lui dalla presidenza della Fininvest, preoccupato, anche se non in via esclusiva, di palinsesti televisivi e intermezzi pubblicitari.

In un paio d'anni si sono incontrati sei volte, senza contare gli appuntamenti collettivi fra capi di Stato e di governo. Putin, per dimostrare la considerazione che ha di lui, lo ha ospitato nella dacia presidenziale di Zavidovo, lo scorso febbraio, sottoponendolo al rito russo della cena all'aperto, 23 gradi sotto zero: non è ancora l'onore di poter alloggiare al Cremlino, concesso tra gli europei a Schroeder e Blair, ma è pur sempre un segno di particolare riguardo.

La speciale affinità fra i due leader potrebbe divenire una grande opportunità per il nostro paese che, già secondo i dati attuali, è il secondo partner commerciale dei russi. La Russia è al tempo stesso un grande mercato con formidabili possibilità di espansione e un crocevia per accedere al mercato asiatico, con il quale condivide migliaia di chilometri di confine. Ma una delle ragioni fondamentali che spiegano il grande fascino che esercita questa terra sugli europei è la consapevolezza di una magica e intrigante diversità dall'Europa. Per questa ragione, a più riprese, gli analisti che si sono occupati delle relazioni bilaterali fra Mosca e Roma hanno suggerito di potenziare ogni aspetto possibile dell'intesa, dalla consultazione politica allo scambio economico, da iniziative congiunte verso paesi terzi a cooperazioni tecnologiche, ma di lasciare perdere l'aspetto istituzionale.

Questo profilo dell'integrazione – in parole povere l'avvicinamento all'Unione Europea oltre i già intensi rapporti che esistono – non è nell'agenda dell'Europa ma soprattutto non sta nella testa dei russi e nella lista dei loro desideri politici. Si può essere amici e partner senza necessariamente condividere la medesima casa. Nel frattempo, però, sarebbe utile sfruttare questa relazione laddove essa possa essere sfruttata, pena l'accontentarsi di un grande castello di parole e di manifestazioni di amicizia cui non seguano fatti concreti; insomma la vittoria della forma sulla sostanza.

Qualcuno dice che la curiosità di Putin verso l'Italia di Berlusconi nasce anche da qui: i russi, abili e duri negoziatori, non si spiegano questa intimità ostentata, questa fiducia esibita in ogni circostanza, senza che a loro sia mai stato richiesto di pagare un qualche prezzo politico o di altra specie. E in effetti, che si tratti dell'adesione alla guerra in Iraq o al protocollo di Kyoto, l'Italia non è riuscita quasi in nessuna circostanza a trasformare l'amicizia del premier in un elemento di persuasione politica nel negoziato multilaterale.

Nella cronaca dell'amicizia tra Berlusconi e Putin, il 6 novembre 2003 segna una data memorabile. Soprattutto per il primo, in realtà. Quel giorno il premier italiano, ancora presidente di turno dell'Unione Europea e quindi rappresentante e "fiduciario" a tutti gli effetti degli altri quattordici paesi e governi dell'UE, si infila in un disastro diplomatico tale da sbiadire perfino quello dell'esordio, il 2 luglio, al Parlamento di Strasburgo.

Anche in questo caso bastano cinque minuti all'inquilino di Palazzo Chigi per provocare la catastrofe che lo condurrà al poco invidiabile primato di unico presidente di turno ad essere "deplorato" con votazione pressoché unanime dal Parlamento europeo.

Nella cornice elegante e raffinata di Villa Madama, quel giovedì sono seduti accanto Putin e Berlusconi, assieme a Prodi e allo spagnolo Solana, alto rappresentante per la politica estera dell'UE, per rendere conto ai cronisti delle principali testate e televisioni d'Europa dell'esito del summit tra Unione Europea e Russia. Racconta Ugo Magri sulla «Stampa»: «La conferenza stampa procedeva pigramente, il vertice di Villa Madama non era stato tale, fin lì, da suscitare forti emozioni. Poi, d'improvviso, l'atmosfera ha preso fuoco». L'incolpevole fonte dell'incendio romano le cui fiamme, però, arriveranno in poche ore a lambire tutti gli angoli del Vecchio Continente ha le sembianze di Laurent Zecchini, inviato del parigino «Le Monde» che chiede conto al numero uno russo delle violazioni dei diritti umani in Cecenia e dell'arresto del magnate Mikhail Khodorkovskij, quarantenne uomo d'affari – sicuramente l'uomo più ricco della Russia – capo dell'azienda petrolifera Yukos, quinta compagnia nella classifica mondiale, ma anche generoso finanziatore di un paio di partiti avversari del presidente. Attenzione: la domanda è rivolta a Putin e lo zar dagli occhi di ghiaccio non pare affatto preoccupato o in difficoltà dal momento che è già stato, tra l'altro, alle prese con il corrispondente da Bruxelles del quotidiano francese, a suo tempo liquidato con un invito a Mosca per «farsi circoncidere dai nostri specialisti» se voleva diventare «un radicale islamico».

Ma, per dirla ancora con Magri, «d'improvviso, l'atmosfera ha preso fuoco». Ci pensa, naturalmente, Silvio Berlusconi. Blocca il suo ospite con una mano sul braccio e vestendo gli abiti "da avvocato non richiesto" si spinge in un'arringa tanto sorprendente e inattesa da lasciare senza fiato sia Prodi che Solana mentre Chris Patten, l'inglese commissario alle relazioni esterne dell'UE, ascoltando in una saletta di Villa Madama collegata a circuito chiuso con la conferenza stampa, sbianca biascicando un «*Unbelievable*». Dice Berlusconi che in Cecenia i russi «sono vittime di attentati e non hanno mai reagito», se la prende con la stampa che, in proposito, «costruisce leggende» come dimostrerebbe l'altissima partecipazione, l'ottanta per cento, al referendum in cui l'assoluta maggioranza dei votanti ha deciso l'appartenenza alla Federezione Russa; sul caso Yukos «l'amico Putin» non ha alcuna macchia perché «conosce perfettamente la distinzione tra potere esecutivo e potere giudiziario». Manco a dirlo l'occasione per il Cavaliere è ghiotta per prendersela con l'informazione italiana, in particolare quella scritta, che sarebbe «per l'ottantacinque per cento critica o addirittura contro il governo in carica». Tirate le somme, ecco le conclusioni:

> La verità è che ci sono delle realtà che in Italia come all'estero vengono spesso distorte dalla stampa. Per quanto riguarda la Cecenia e il caso Yukos è la stessa cosa. So di certo perché mi sono informato con fonti italiane che conoscono bene la realtà russa che le due questioni sono distorte dai giornali.

Facciamo due pause, una sulla Cecenia e l'altra sulla questione dei cosiddetti oligarchi.

Groznj è una capitale letteralmente distrutta dai bombardamenti. Chi l'ha vista di recente ha affermato con sicurezza che la Sarajevo che usciva da tre anni di assedio, in confronto, sembrava un luogo magnifico. Senza entrare nel merito della disputa cecena, va detto che, dopo due guerre, sono fra 70.000 e 150.000 le vittime civili e che sequestri, esecuzioni extragiudiziali, torture sono all'ordine del giorno, tanto che lo stesso Putin ha ammesso, in più di una circostanza, che esista un problema serio di rispetto dei diritti umani, pur attribuendone – com'è ovvio – la responsabilità ai gruppi terroristici. Nel febbraio 2000, dopo aver visionato un video sulle atrocità commesse dai soldati russi, Solana dichiarò testualmente: «Questo colma la misura di pazienza dell'Europa».

Il problema, se non ci si pone limiti nel viaggio a ritroso, è antichissimo: per primi furono gli zar a colonizzare l'area del Caucaso violando i diritti delle popolazioni lì residenti; poi fu la volta di Stalin che nel 1944 ordinò la deportazione in Asia centrale di 400.000 ceceni, dei quali si scrive che la metà sia morta nel trasporto in carri piombati. La prima guerra recente era invece cominciata nel 1994 con la messa a ferro e fuoco di Groznj, ordinata da Eltsin, tre anni dopo la dichiarazione di indipendenza proclamata nel 1991.

Mosca non può permettere il distacco della piccola repubblica. Per un verso, esistono solide ragioni economiche, ad esempio i molti importanti oleodotti che ne attraversano il territorio; per l'altro, il distacco di un territorio che non solo appartenne all'Unione Sovietica ma che fa tuttora parte della Federazione Russa potrebbe generare un inarrestabile effetto domino sulle molte altre piccole repubbliche del Sud a maggioranza musulmana. Tuttavia, nonostante i carri armati e i bombardamenti a tappeto, Eltsin non riuscì a piegare un'insurrezione guidata da combattenti che storicamente sono considerati fra i più fieri e feroci del Caucaso, pagando pure un elevato prezzo politico. Nel gennaio 1997, sotto la supervisione internazionale, venne eletto presidente Aslan Maskhadov, che cercò di promuovere un piano di pace ispirato al modello utilizzato dalle Nazioni Unite per il Kosovo e Timor Est. Ma nel giro di pochi anni la Cecenia divenne un luogo ingovernabile, sia per la quantità incontrollabile di traffici illeciti di ogni specie – altra caratteristica storica di quel territorio – sia per il riacutizzarsi dell'attività terroristica a scopo separatista.

Vladimir Putin gioca una partita più abile: dopo un anno di silenzio sul conflitto, che segna però un'ondata di attentati dei combattenti ceceni e una vera e propria iniziativa militare dei guerriglieri contro la confinante repubblica del Dagestan, e senza tollerare alcuna ingerenza esterna in merito, riapre la guerra il 30 settembre 1999 e nel 2000 comincia a diffondere mese per mese i dati sulle perdite – a maggio 2000, 2.233 morti russi e 6.575 feriti – sondando l'impatto sulla popolazione. Ovviamente si tace sulle perdite cecene e sui metodi di guerra, che provocano intanto la proposta di sospensione della Russia dal Consiglio d'Europa, poi rinviata, ma la nuova strategia di comunicazione paga poiché sale il consenso per una ripresa della guerra. La Cecenia è sostanzialmente *off-limits* per qualsiasi osservatore o giornalista che non accetti i "viaggi guidati", già noti in altri paesi come la Corea del Nord: in Italia, si ricorda la tragica scomparsa del giornalista di Radio Radicale Antonio Russo, trovato ucciso a venticinque chilometri di distanza da Tbilisi mentre si apprestava a rientrare in Italia con nuovi reportage sulla guerra. L'OSCE (Organizzazione per la Sicurezza e la Cooperazione in Europa), da diversi anni, dispiega un discreto corpo di osservatori sul massiccio montuoso che separa la Cecenia dalla Georgia, accusata da Mosca di fornire i ribelli di armi, ma – tranne qualche episodio isolato di contrabbando – non ha mai avuto niente da segnalare. Nonostante ciò, la Russia continua la sua guerra senza quartiere: sulla testa di Maskhadov, l'ex presidente fuggito in montagna dopo i bombardamenti del 1999, pende una taglia molto ricca; di anno in anno cresce la leggenda di Šamil Basaev, l'uomo più ricercato di tutta la Russia, il capo della guerriglia dato per morto più di una volta che si dice abbia in realtà perso una gamba durante uno scontro con le truppe russe.

Negli ultimi due anni i separatisti hanno messo in atto numerosi attacchi di stampo terrorista con la tecnica tristemente nota dei kamikaze: un attentato durante un festival rock, il camion bomba contro la sede del quartier generale russo a Groznj, l'occupazione al teatro Dubrovka di Mosca terminato con la morte per avvelenamento di tutti i terroristi e di 118 ostaggi, infine l'attentato davanti alla Duma all'indomani del trionfo di Putin alle elezioni politiche del 7 dicembre.

Chi sono, invece, gli oligarchi? Il cosiddetto ritorno al mercato, avviato timidamente da Gorbačev ed esploso impetuosamente sotto Boris Eltsin nei primi anni Novanta, è avvenuto nel disordine più totale. Come è intuibile, i percettori di reddito fisso, anche coloro che occupavano fasce sociali un tempo medio-alte come ad esempio i docenti universitari, sono precipitati sotto la soglia della povertà, mentre coloro che sono stati capaci di sfruttare questo ingovernabile "Far West" hanno accumulato talvolta ingenti fortune. Tra i nuovi ricchi spiccavano due categorie di persone: gli imprenditori legati al circuito malavitoso e mafioso, e gli imprenditori capaci di godere della protezione del clan presidenziale durante la stagione delle privatizzazioni che in Russia, come si può immaginare, è diventata la più colossale svendita di immobili, industrie, risorse naturali mai vista. L'Occidente conosce i nomi di Safin, Berezovskji, Gusinskij, Abramovič, per ultimo di Mikhail Khodorkovskij, trentenni miliardari che acquistano i pacchetti di controllo delle principali società petrolifere, Sibneft, Lukoil, Yukos, con il favore dello zar Boris.

La popolazione detesta gli "oligarchi", lo stile di vita sfarzoso, la possibilità di una vita per loro impossibile, la certezza che dietro quel successo c'è un pezzo di ricchezza collettiva che è stata loro sottratta. Anche quando qualcuno di essi comincia a finanziare, tramite fondazioni, associazioni di solidarietà, biblioteche, ambulatori, istituzioni dedicate alla formazione dei più giovani, il gioco non persuade completamente. Pare l'acquisto di un titolo nobiliare con denaro riciclato da affari poco puliti. Scrive Barbara Spinelli sulla «Stampa»:

> In realtà è proprio quando gli oligarchi si ravvedono che Putin e il cosiddetto partito dei *soloviki* – così sono chiamati i burocrati dei servizi e dell'esercito – sembrano adombrarsi. È come se Putin preferisse a un industriale divenuto onesto un industriale ricco ma tuttora corrotto, perché quest'ultimo sarà sempre ricattabile dallo Stato.

Uno per uno, gli oligarchi cominciano a lasciare il paese: chi in Svizzera, chi a Londra a godersi le ricchezze; chi resta in patria deve rispettare un patto implicito: non occuparsi di politica o giornali, non turbare gli equilibri del Cremino. Putin fa chiudere le tre televisioni indipendenti – NTV, TV6, TVS – compie un giro di vite sulla televisione pubblica e sui quotidiani (peraltro assai meno diffusi della televisione). Quando Khodorkovskij, patron della Yukos, società quotata in borsa, comincia a finanziare pubblicamente i due partiti di opposizione liberaldemocratica di destra, lo Yabloko di Grigorij Yavlinskij e l'Unione delle Forze di Destra di Anatolij Čubais, e fa trapelare la notizia che intende dedicarsi alla vita politica, il miliardario russo viene arrestato con l'accusa di frode fiscale e messo dunque fuori gioco; pochi giorni dopo si dimette da capo dell'amministrazione presidenziale Aleksandr Vološin, accreditato di puntare alla successione a Putin nel 2008 con l'appoggio del magnate petrolifero.

Un mese dopo l'incontro fra Berlusconi e Putin, valutando lo svolgimento delle elezioni politiche che sanciscono il trionfo del presidente russo, l'OSCE avanzerà dei rilievi non sulla correttezza formale del processo elettorale ma sul regresso delle condizioni sostanziali del pluralismo politico in Russia.

Torniamo, dunque, al 6 novembre 2003, a Roma. Con qualche centinaio di parole, pronunciate a braccio, il presidente di turno dell'Unione ha stracciato e ribaltato la politica condotta fino a quel momento dai Quindici verso la Russia e nella vicenda cecena, venendo meno al mandato affidatogli dagli altri governi e stravolgendo radicalmente le posizioni preventivamente concordate, come è consuetudine, in sede comunitaria. Peraltro, proprio negli ultimi mesi era stata definita una posizione comune di assoluta ragionevolezza in base alla quale l'Unione non ha interesse a isolare o giudicare la Russia ma ne ha molto a spingerla ad accompagnare l'evoluzione democratica delle repubbliche caucasiche e a rispettare pienamente i diritti umani anche in quelle repubbliche che hanno contenziosi aperti con Mosca. È per quest'ultima ragione che sia l'Unione sia altri organismi internazionali si erano rifiutati di inviare in Cecenia propri osservatori a controllare la legittimità delle elezioni politiche del 5 ottobre che hanno condotto alla scelta del presidente filorusso Kadyrov e non avevano dato rilievo democratico al referendum del marzo precedente su una nuova Costituzione filorussa approvato dal 95 per cento dei votanti in un clima di bassa partecipazione e alta intimidazione politica.

Non a caso, allora, lo stupore gela la sala e tutti i presenti. Perfino Putin, prima di rispondere a sua volta, mostra incredulità. Poi scherzando si dichiara ben disposto a pagare la parcella da un euro richiesta dal padrone di casa perché «per la prima volta abbiamo un avvocato valido». La parcella, quella sì pesante, la paga invece la credibilità dell'Unione Europea, o meglio del suo presidente di turno. Da oggi non solo presidente operaio, ma anche presidente avvocato.

Cinque minuti. Di nuovo, come a luglio, sufficienti a far saltare sulle sedie tutte le cancellerie d'Europa e trascinare la presidenza italiana nel baratro della condanna corale: singoli governi, Commissione, Europarlamento. I quotidiani francesi, inglesi e spagnoli si dividono fra preoccupazione e ironia. Secondo «Le Figaro» il presidente italiano ha trasformato la conferenza stampa «in un happening surrealista e stupefacente presentando la Russia come un sistema democratico dall'avvenire radioso»; per lo spagnolo «El País» «Berlusconi rompe con la posizione europea e appoggia Putin sulla Cecenia» mentre a giudizio del «Financial Times» è stata minata l'unità europea.

Il primo e più rovente scontro è con Romano Prodi e la Commissione di Bruxelles. Sembra che il Professore avesse intenzione di scrivere una nota ufficiale per prendere immediatamente le distanze dalle affermazioni di Berlusconi ma, a quel punto, il conflitto tra presidenza di turno e Commissione avrebbe assunto caratteri anche formali insanabili. Prodi lascia parlare uno dei suoi collaboratori non senza aver "regalato" ai cronisti di Villa Madama una battuta espressiva lasciando la sala: «Mi limito a dire solo questo: mi auguro che Berlusconi sia informato sulla situazione russa meglio di quanto lo è sulla situazione della stampa in Italia».

Passano ventiquattr'ore e arriva la nota ufficiale dell'esecutivo UE. «La Commissione non condivide le opinioni espresse dal primo ministro Berlusconi né sulla situazione di "Yukos" né sulla presente e passata situazione della Cecenia», dichiara Reijo Kempippen, portavoce della Commissione, aggiungendo di considerarle «dichiarazioni a titolo personale». Da Palazzo Chigi non ci stanno a incassare. Portavoce per portavoce, risponde Paolo Bonaiuti. «Troppo comodo» parlare a cose fatte, accusa. Prodi, insiste, poteva farsi sentire durante il colloquio con il presidente russo o nel corso della conferenza stampa: «Chi non era d'accordo poteva parlare subito, accettando un eventuale confronto con Putin». Letta la risposta, altra controreplica da Bruxelles: le questioni controverse sono state sollevate anche al vertice e gli argomenti erano stati discussi e concordati dai ministri UE nelle discussioni preparatorie. È l'accusa più grave: aver gettato nel cestino la posizione "concordata" con i partner europei.

Trapela anche lo scarso risultato del vertice a due, perché ancora una volta Putin, nonostante le ampie rassicurazioni italiane, non ha ottenuto significative concessioni per l'abolizione dei visti ai cittadini della Federazione che entrino in Europa.

In realtà Berlusconi, sulla Cecenia, non ha smentito solo gli altri leader ma, in effetti, anche se stesso. Già, perché neanche un mese prima, proprio la presidenza italiana aveva diffuso una nota, a seguito delle elezioni in Cecenia, in cui si lamentava la mancanza di pluralismo effettivo nelle candidature e il controllo sull'informazione, arrivando a esprimere «viva preoccupazione per le condizioni in cui si sono tenute le elezioni». Sempre la stessa dichiarazione ufficiale evidenziava la preoccupazione dell'Europa per la violazione dei diritti umani nella regione e sosteneva che «l'UE vuole esprimere ancora una volta la speranza che un miglioramento immediato e sensibile della situazione dei diritti umani in Cecenia possa colmare il fossato che separa l'autorità dalla popolazione». Tutto dimenticato, tutto ignorato da Berlusconi.

Ormai la falla si è allargata a dismisura. Contro il premier italiano si schierano ministri dei vari governi dell'Unione, presidenti degli eurogruppi e anche il presidente dell'Assemblea. L'irlandese Pat Cox fa sapere che «il Parlamento europeo ha sottolineato a più riprese la violazione dei diritti umani in Cecenia, dovuto all'uso eccessivo o sproporzionato della forza militare». Fioccano interrogazioni parlamentari tra cui quella firmata dal leader della Margherita Francesco Rutelli e dal capogruppo dei Verdi Daniel Cohn-Bendit. In Italia le opposizioni vanno all'assalto. Per il diessino Fabio Mussi «il semestre italiano sta finendo nella vergogna»; il capogruppo della Margherita alla Camera, Pierluigi Castagnetti, osserva che «Berlusconi in tutte le sedi internazionali sta dimostrando l'inadeguatezza che abbiamo già verificato a livello interno». Secco il commento dei radicali, sempre attenti – spesso in solitudine – alla vicenda cecena: «Qualcuno fermi Berlusconi», invoca il segretario Daniele Capezzone.

Nel (solito) silenzio degli alleati, vanno in campo solo gli uomini di Forza Italia a soccorrere il premier puntando l'indice su Prodi che, accusa Elio Vito, capogruppo forzista a Montecitorio, vuole solo «cercare di nascondere gli indubbi successi che il premier e l'Italia stanno ottenendo a livello internazionale». Imbarazzante la dichiarazione del presidente dei senatori Schifani: «In questo modo Prodi danneggia l'immagine del nostro paese». Difesa d'ufficio, buona per i pastoni dei Tg RAI, che sceglieranno la tecnica consueta di montare l'ennesimo caso, l'ennesima *querelle* di Palazzo, in modo tale da mettere tutti i protagonisti sullo stesso piano e da poter annebbiare le responsabilità specifiche del premier. Non tutti ci cascano. Esplicito è Sergio Romano nell'editoriale del «Corriere della Sera»: «Il desiderio di compiacere l'ospite e il culto dei rapporti personali hanno giocato al presidente del Consiglio un brutto tiro»; più avanti: «Berlusconi ha fatto dichiarazioni che non riflettono né i sentimenti dell'opinione italiana né quelli dell'Europa, di cui è presidente sino alla fine dell'anno. Vi sono errori commessi in stato di necessità ed errori inutili, facilmente evitabili. Questo appartiene alla seconda categoria». E Barbara Spinelli, sulla «Stampa», scrive:

> Berlusconi non solo mostra di non conoscere la Russia, come teme Prodi. Non conosce nemmeno da dove veniamo noi: da quale idea di democrazia, della correttezza istituzionale, della libertà di stampa. Finge di ignorare e mostra di sprezzare tutti coloro che, in nome di questa libertà, si oppongono oggi a Putin: giornalisti indipendenti come Anna Politkovskaja che sulla Cecenia raccontano non già leggende ma fatti ed ex dissidenti come Vladimir Bukowski, Sergej Kowaliov o la vedova di Sacharov, Elena Bonner.

A causa della gaffe, proprio Anna Politkovskaja, autrice di libri e reportage fotografici, oltre sessanta visite a Groznj negli ultimi otto anni, viene intervistata dalla «Repubblica» e regala uno spaccato terrificante:

> Sono stata lì dopo il 5 ottobre e ho incontrato persone che avevano appena subito le torture dell'FSB, gli organi della sicurezza russa. Una donna, ad esempio, mi ha raccontato la sua terribile storia, così uguale a quella di tante altre. Aveva dato da mangiare ad alcuni ragazzi, combattenti indipendentisti. Per questo è stata violentata con una ferocia inaudita dagli uomini dell'FSB. Raccontava quasi senza emozioni: l'unica cosa che vorrei adesso è spararmi un colpo e farla finita.

Seguono altre storie simili, e altre testimonianze come quella di Anna Zafesova sulla «Stampa».

Infine, il capo del governo italiano si dimostra anche poco fortunato perché, proprio all'indomani dell'infelice vertice UE-Russia, a Ginevra viene pubblicato e presentato il rapporto del Comitato dei diritti dell'uomo dell'ONU. E non sottoscrive affatto, anzi, l'ipotesi berlusconiana delle "leggende". Le Nazioni Unite sono "profondamente preoccupate" per la violazione dei diritti dei ceceni. La denuncia è chiara: «Le esecuzioni, le torture, i crimini, gli stupri sembrano essere stati commessi con una buona dose d'impunità».

Passata la tempesta di Villa Madama torna la quiete? Nient'affatto. Anche se il turno di presidenza volge al termine e le ultime fasi – dall'Ecofin alla CIG – consiglierebbero cautela e moderazione, proprio Berlusconi rischia di aprire, di nuovo, un conflitto con l'Europarlamento. Accade che non solo i governi dell'Unione ma anche i dieci paesi candidati mettono sotto accusa l'Italia nel Consiglio dei ministri degli Esteri che si tiene a Bruxelles a metà dicembre, fatto che autorizza alcuni commentatori a notare che «nella storia dell'Unione mai una presidenza di turno era stata contestata così apertamente e a fondo»; e, infine, lo stesso Parlamento "processa" l'Italia.

Così, proprio mentre l'ufficio stampa di Palazzo Chigi fa filtrare l'avvenuto colloquio telefonico tra il premier e Putin, che giudicano "ottimo" il summit del 6 novembre, si apre a Strasburgo la discussione in aula che porterà – anche in questo caso si tratta di un record della presidenza italiana – all'approvazione di una mozione di censura in cui si «deplorano» le dichiarazioni di Berlusconi. Come recita il paragrafo 13 della risoluzione, che sarà approvata con il voto di tutti i gruppi, PPE compreso – mentre Forza Italia dice no alla "deplorazione" e si astiene sul complesso del documento –, vengono rinnegati i pilastri principali della "difesa" berlusconiana:

> L'Assemblea deplora le dichiarazioni fatte dal presidente in carica del consiglio UE alla fine del vertice UE-Russia, nelle quali ha espresso il proprio sostegno alla posizione del governo russo per quanto concerne la situazione dei diritti dell'uomo in Cecenia e della democrazia nella Federazione Russa [...]. Quel conflitto non può essere considerato unicamente come un elemento della lotta contro il terrorismo.

A questo punto si apre anche una questione ben poco nobile: lo staff del presidente del Consiglio salta su tutte le furie perché viene ricordato che mai prima d'ora il Parlamento aveva espresso una sentenza tanto dura. È già successo con Chirac e la Thatcher, dichiarano i portavoce di Berlusconi accusando il Tg3 di «aver preso una granchio». Chiude la polemica il portavoce del presidente Pat Cox, David Harley: «È la prima volta che si deplora l'operato del presidente di turno, almeno per quanto mi ricordo». In realtà, solo in un'altra circostanza, non paragonabile pienamente, Jacques Chirac, mentre presiedeva l'Unione nel 1995, fu destinatario di una mozione di "rincrescimento" da parte dell'Europarlamento per il fatto che la Francia avesse ripreso gli esperimenti nucleari nell'atollo polinesiano di Mururoa.

Come detto, la vicenda è tutt'altro che terminata e proprio Berlusconi rischia di approfondire ed estendere l'incendio tanto a dismisura che nemmeno l'efficienza declamata dei Canadair russi dall'amico Putin nella vacanza sarda dell'estate, tra i cactus e le fontane a cascata di Villa Certosa, potrebbe spegnerlo. La risoluzione dell'Europarlamento «è fondata sul nulla« perché l'assemblea dei deputati «ha frainteso la realtà», sentenzia.

Lo sgarbo, a dir poco, verso i parlamentari è macroscopico. Basterebbe che Cox prendesse sul serio queste affermazioni attivando un percorso formale di discussione in aula e il conflitto si avvierebbe su una deriva pericolosissima. Ma preferisce scegliere un'altra strada e dichiara ai giornalisti che è difficile credere che Berlusconi «abbia voluto rilasciare dichiarazioni in alcun modo irrispettose del Parlamento europeo». Aggiunge il suo portavoce: «Il presidente non intende personalizzare la questione o farne oggetto di polemica». Così Cox ha risparmiato un altro "processo" in Parlamento al premier italiano.

Il lunedì successivo, l'«International Herald Tribune» e il «Financial Times» pubblicano nella pagina dei commenti due analisi, assolutamente similari, la cui tesi è, per il nostro paese, francamente imbarazzante: i risultati concreti della conduzione italiana sono la dimostrazione più lampante che il meccanismo di rotazione semestrale dei lavori dell'Unione deve essere assolutamente riformata. Per un paese fondatore significa, in poche parole, farsi attribuire l'etichetta di pasticcioni e incompetenti. Niente male.

In conclusione, va detto che non doveva essere proprio "fondata sul nulla" la deliberazione di Strasburgo se poi lo stesso Berlusconi, rispondendo sulle pagine del «Foglio» ad Adriano Sofri, ammette che la sofferenza del popolo ceceno non è «una leggenda»; solo dopo aggiunge che «in termini politici resto della mia opinione». Insomma, una mezza retromarcia. Praticata peraltro su un giornale amico che, forte della precedente e altrettanto rumorosa gaffe berlusconiana dell'ottobre 2002, aveva avvisato Berlusconi alla vigilia del vertice di Roma di "maneggiare con cura la pratica" Putin. Eravamo ai tempi della lunga vigilia della guerra all'Iraq, quando Berlusconi si recò a Mosca dopo essere stato ricevuto a Camp David da Bush, essere intervenuto alla seduta delle Nazioni Unite, aver parlato alle Camere indicando il pericolo per l'umanità delle armi di distruzione di massa. Appena il tempo di uscire dalla stanza del presidente russo e il premier italiano dichiarò convinto che Saddam non possedeva armi di distruzione di massa. Si scatenò il finimondo: al Dipartimento di Stato chiesero spiegazione, a Roma l'ambasciatore Sembler venne mobilitato. Ne seguì l'autosmentita del Cavaliere e la marcia indietro: quelle cose le pensa Putin. La cosa non è sufficiente per il direttore del «Foglio». Inviperito, Ferrara bacchetta Berlusconi:

> Con tutto il rispetto necessario, siamo strabiliati dalle dichiarazioni moscovite di Silvio Berlusconi. Compiacere Putin può essere piacevole, soprattutto se si vuole ad ogni costo essere compiaciuti, ma dimenticare un discorso parlamentare impegnativo come quello alla Camera non è cosa saggia. Queste cose, se si è a capo di un grande paese occidentale, si dicono negli scompartimenti dei treni o ai bar dell'aeroporto, non al Cremlino.

Prudente e profetico, Ferrara aveva avvisato e incrociato le dita. Inutilmente.

6. Gli amici ingrati

Intrappolato in un tight firmato Caraceni, ordinato quando le aspettative sulla dieta estiva inducevano speranze di risultati migliori, Silvio Berlusconi attentava alla resistenza del tessuto anche per un'altra ragione: la gioia zampillante da ogni centimetro di pelle. Il matrimonio "regale" di Ana Aznar Rotella, primogenita del premier spagnolo, presentava tutte le caratteristiche per generare nell'inquilino di Palazzo Chigi un'irrefrenabile euforia, quel giovedì pomeriggio di settembre nella capitale iberica.

Scenografia mozzafiato, organizzazione perfetta in stile kolossal hollywoodiano, parterre pregiato nonostante le rinunce dell'ultimo minuto di Putin e dei Clinton («mi è parso di essere a un vertice G8», riferirà Berlusconi al rientro in albergo la sera ai cronisti con un'enfasi forse eccessiva), il tutto condito dal calore e dalla simpatia con cui l'avevano accolto quei madrileni che avevano avuto la fortuna di trovare posto accanto al percorso destinato alle autorità e dall'esplosione di centinaia di flash appena sceso dall'auto. Privilegio, questo di giungere in automobile dinanzi alla basilica di San Lorenzo nello storico monastero dell'Escorial, riservato oltre che – naturalmente – ai sovrani di Spagna e alla famiglia Aznar, a Tony Blair e signora e a lui, pur non accompagnato dalla moglie.

Il primo ministro inglese: ecco l'altra, solida ragione di soddisfazione di Berlusconi. Come lui era tra i testimoni, una quarantina, degli sposi: nessun altro capo di governo europeo figurava nel nutrito elenco e ciò, non solo nella "diplomazia familiare" inaugurata dal presidente italiano, era indice di un rapporto in qualche modo preferenziale. Va bene che, rispetto a Blair, chiamato come testimone dell'*infanta*, lui si era dovuto accontentare di sedere, proprio come Pierferdinando Casini, alle spalle dello sposo, quell'Alejandro Agag Longo che le malelingue chiamavano "generissimo" e che da segretario generale del PPE tanto si era adoperato – in nome dell'uomo che stava diventando suo suocero – per far entrare Forza Italia nel salotto buono degli ex DC a Bruxelles. Ma si trattava di dettagli.

Ciò che contava per Berlusconi, ma anche per l'inquilino della Moncloa, era far capire che tra Spagna, Italia e Gran Bretagna le relazioni filavano alla perfezione e i rapporti marciavano su un binario privilegiato rispetto agli altri paesi europei. Non a caso il mese prima l'autorevole «Financial Times» aveva individuato nel matrimonio celebrato all'ombra della tetra fortezza, fatta costruire da Filippo II per concludervi il suo viaggio terreno, una grande spinta all'asse Londra-Roma-Madrid, «senza dubbio fastidiosa per i leader dei partiti di centrosinistra, Blair escluso, naturalmente».

Solo qualche giorno dopo, per di più, Aznar, in compagnia dei vertici europopolari, sarebbe stato ospitato a sua volta da Berlusconi in Costa Smeralda per un summit informale al fine di preparare il congresso del PPE in programma a ottobre in Portogallo. Un segnale importante – si badi bene – delle ottime relazioni tra i due leader ma anche del netto spostamento del baricentro politico della famiglia popolare europea dal tradizionale asse democristiano italo-tedesco dei tempi del cancelliere Helmut Kohl al nuovo asse post-democristiano italo-spagnolo rappresentato dal Partido Popular e da Forza Italia. Quest'ultima, dopo una prima fase "nuovista" e liberale, aveva a più riprese dichiarato di ambire, anzi di essere l'erede naturale della Democrazia Cristiana pur non essendo assolutamente germinata da quel solco, quando il partito aveva chiuso i battenti per dar vita al Partito Popolare Italiano.

Come in un flashback, chissà se queste immagini hanno fatto capolino nei pensieri di Berlusconi quando Blair con Chirac e Schroeder si sono infilati, all'ora di pranzo di sabato 13 dicembre, nell'ufficio del presidente di turno, al quinto piano del palazzo del Consiglio Europeo, per decretare il fallimento della conferenza intergovernativa o quando, usciti i tre, ha bussato l'amico José María, per nulla amareggiato del tonfo provocato dalla sua ostilità all'introduzione di un nuovo meccanismo di calcolo della doppia maggioranza e già con l'occhio e le preoccupazioni al 14 marzo, data delle elezioni generali a Madrid, le prime senza di lui alla guida del Partido Popular e per questo particolarmente rischiose.

Insomma, non solo gli altri due partner dell'"asse" non erano andati in soccorso di Roma ma lo spagnolo Aznar era stato tra i protagonisti dell'affondamento della CIG mentre l'inglese Blair si era limitato a svolgere il ruolo di freddo spettatore, alla fine soddisfatto per non aver dovuto firmare alcuna Costituzione e avere così evitato – almeno su questo fronte – le scontate reazioni negative interne. Ha scritto Andrea Bonanni su «la Repubblica»:

> Blair se l'è cavata egregiamente mettendo al sicuro tutti i risultati che stavano a cuore agli inglesi, tutelando gli interessi americani nell'accordo sulla difesa e lasciando ad altri il compito di far fallire un vertice che comunque non aveva più interesse per Londra. La crisi gli evita anche il fastidio di dover comunque difendere un accordo dagli inevitabili attacchi dei conservatori eurofobi.

Com'è apparsa improvvisamente lontana a Berlusconi quella vigilia del vertice UE di Barcellona quando proprio Blair sbarcò a Roma per sottoscrivere con lui un accordo sulla flessibilità del lavoro e sulla modernizzazione dell'economia. Accolto nella solenne cornice di Villa Madama, in una tiepida giornata primaverile, il primo ministro veniva a offrire una sostanziosa sponda all'amico italiano, sul piano interno e internazionale, sfidando non solo le ire della sinistra del suo partito ma anche l'avversità dello stesso establishment britannico nei riguardi del capo del governo italiano. Blair però portava a casa anche la prova che il suo governo di centrosinistra, tra i pochi sopravvissuti all'ondata elettorale dell'inizio del nuovo millennio, era tutt'altro che isolato.

Per il leader della maggioranza italiana, invece, si trattava senza dubbio di un colpo ad effetto: con un incontro così cordiale, riusciva a fare di colui che, con Bill Clinton, era stato una specie di icona dell'"Ulivo mondiale", il testimonial della politica del governo italiano in materia di flessibilità del lavoro, questione fermamente avversata dall'opposizione parlamentare e dai sindacati. E certo contribuirono ad aumentare la sua soddisfazione e il successo dell'operazione alcune, seppure isolate, voci all'interno della sinistra italiana che chiesero nientemeno l'allontanamento di Blair dall'Internazionale Socialista per supposto tradimento. Inoltre, a poco più di un mese dall'addio forzato di Renato Ruggiero dalla Farnesina, il Cavaliere annaspava alla ricerca di accreditamenti sulla scena europea e non aveva dimenticato che solo a novembre proprio il governo di Londra gli aveva creato non poche noie interne convocando sul Tamigi un summit con Francia e Germania sul terrorismo, ripescandolo, insieme alla Spagna e ad altri paesi europei, solo in "zona Cesarini" e solo dopo le forti proteste di Palazzo Chigi. In quell'occasione, grazie all'amicizia di Blair, Berlusconi riuscì a incassare un risultato "pesante" sotto ogni punto di vista, anche se l'intesa sottoscritta era solo di principio.

Ma non sempre il vento ha soffiato in poppa alla nave italiana. A ben vedere infatti questa sorta di cooperazione rafforzata tra le tre capitali ha vissuto di alti e bassi. E il governo italiano ha dovuto fare buon viso a cattivo gioco nelle tante occasioni in cui, anche prima di assumere la guida del semestre europeo, si è trovato estromesso dal gioco internazionale. Il filo rosso di questo accordo è stato senza dubbio il desiderio di mostrarsi, al di qua dell'Atlantico, i più fedeli tra gli alleati degli Stati Uniti: naturalmente, per storia, tradizione e potenza economico-militare, questo ruolo appartiene alla Gran Bretagna, ma subito alle sue spalle s'è aperta una bizzarra competizione tra gli amici Silvio e José María.

Cartina di tornasole su questo fronte è il conflitto in Iraq. Soprattutto la sua lunghissima e contrastata vigilia e le profonde divisioni determinatesi nel Vecchio Continente sulla guerra che l'amministrazione Bush aveva deciso di dichiarare al rais di Baghdad. È storia nota sia la frattura che ha attraversato l'Europa, con l'asse franco-tedesco fiero oppositore e l'altro, guidato dalla Gran Bretagna in cui ha militato con convinzione la Spagna, schierato con Bush, sia la controversa vicenda dell'Italia che si proclama "paese non belligerante" ma condivide la scelta unilaterale degli USA e della Gran Bretagna e – a conflitto dichiarato chiuso dal presidente Bush il primo maggio – decide di mandare un proprio contingente per favorire il ritorno della democrazia e la ricostruzione del paese.

Nel bel mezzo di questi drammatici mesi e del vortice di dichiarazioni, incontri, assemblee delle Nazioni Unite, riunioni degli organismi internazionali, appuntamenti informali dei leader, viaggi lampo nelle capitali di praticamente ogni paese del mondo di quasi tutti i capi di Stato e di governo, a fine gennaio 2003 compare su alcuni quotidiani europei la "lettera degli Otto", quella dichiarazione dal titolo "L'Europa e l'America devono rimanere unite" che suona come una censura a Francia e Germania e approfondisce la spaccatura dell'Europa, solo parzialmente recuperata in seguito grazie a un altro documento sottoscritto dall'Unione intera.

Chi firma questa lettera? Blair, naturalmente. Ma poi anche Aznar e Berlusconi, e i governanti di Danimarca, Ungheria, Portogallo, Polonia e Repubblica Ceca. Questa, secondo la definizione che ne darà il segretario alla Difesa USA Donald Rumsfeld, è la "nuova Europa", contrapposta alla "vecchia Europa", in cui spiccano Francia e Germania, ma rientrano anche Olanda, Lussemburgo e Belgio. Vale a dire cinque dei sei paesi fondatori dell'Europa Unita, quelli che Romano Prodi definisce la "saggia Europa". Solo l'Italia di Silvio Berlusconi aderisce, aumentando sì il vincolo con l'America di Bush ma, insieme, stringendo ulteriormente, sempre in nome della fedeltà atlantica, l'asse con Madrid e Londra.

Alti e bassi, s'è detto. Passa poco più di un mese e per Berlusconi arriva una doccia fredda proprio dai suoi amici. Si è alle ultime battute prima dell'avvio del conflitto; il Consiglio di Sicurezza delle Nazioni Unite si rifiuta di dare disco verde. Nel giro di quarantott'ore i governi statunitense, britannico e spagnolo decidono di incontrarsi per un vertice lampo – durerà solo sei ore – in mezzo all'Atlantico, nelle isole Azzorre, ospiti del Portogallo, ma ben difesi all'interno della base militare americana di Lajes, la stessa da cui si alzarono in volo un bel po' di aerei per bombardare le postazioni serbe durante la guerra del Kosovo. Da qui parte l'ultimatum alle Nazioni Unite – una nuova risoluzione che autorizzi l'intervento o gli anglo-americani attaccheranno lo stesso – ma anche il messaggio di Blair e Aznar agli altri paesi europei: senza la fedeltà atlantica non si può immaginare il futuro dell'Europa. Per Aznar, la cui firma compare anche sulla proposta di risoluzione che dava a Saddam il 17 marzo quale data ultima per farsi da parte, è la prova della sua partnership privilegiata con l'amministrazione americana: lui, che pure non ha inviato soldati in Iraq ma ha detto sì all'iniziativa degli USA scontando una fortissima contestazione interna, viene nominato a capo della "nuova Europa" filoatlantica vagheggiata da Bush.

E l'Italia di Berlusconi? Si farà sapere dal governo italiano che il presidente USA ha tenuto "costantemente informato" Berlusconi dell'evolversi della situazione e parte direttamente dalla Casa Bianca la nota che riferisce della telefonata tra i due leader nelle ore precedenti il summit di Terceira. Ma è chiaro, dai fatti e dai commenti internazionali, che la Spagna di Aznar ha sorpassato l'Italia di Berlusconi – vittima di una sindrome che qualcuno ha ribattezzato in questa vicenda "vorrei ma non posso" – nella classifica delle grandi potenze europee, piazzandosi dietro Gran Bretagna, Germania e Francia. Bush e Blair affidano al primo ministro spagnolo il compito di illustrare al mondo la "Dichiarazione transatlantica" frutto del vertice a tre delle Azzorre: è l'investitura ufficiale.

Nei sedici mesi di gestazione del nuovo trattato, la posizione spagnola sulla questione delle modalità di voto nell'esecutivo europeo è rimasta testardamente immutata. Insieme a pochi altri paesi, tra cui per un certo tempo anche l'Italia, ha fatto pressioni perché nel testo fosse inserito in modo esplicito il riferimento alle radici cristiane del Vecchio Continente. Ma Aznar è apparso sempre determinato a conservare la condizione vantaggiosa strappata nel Consiglio di Nizza sul voto in Consiglio. Ed è proprio questo il principale scoglio della trattativa tra i governi anche dopo che la Convenzione guidata dall'ex presidente francese Valéry Giscard d'Estaing conclude i suoi lavori.

Per il 4 ottobre è in programma, a Napoli, l'apertura della conferenza intergovernativa. Berlusconi prova a convincere l'amico José María anche nell'ennesimo colloquio informale di Porto Rotondo, agli inizi di settembre. L'esito è sempre uguale, nessun passo indietro. Ed è lo stesso presidente di turno a darne notizia nella conferenza stampa del pomeriggio, convocata con la speranza di poter comunicare che la trattativa era stata sbloccata, almeno con la Spagna. Ma le cose vanno diversamente e, seppure con il massimo fair play, Berlusconi dichiara che «Aznar ha ribadito le posizioni già note sue e del governo» a sostegno delle quali ha aggiunto «nuove argomentazioni».

Ormai alla vigilia dell'ultimo appuntamento utile, e nonostante altri incontri bilaterali a livello di ministri degli Esteri o in occasione di eventi internazionali, Berlusconi non riesce a convincere Aznar. Quest'ultimo, durante una visita di Stato a Marrakech, tre giorni prima dell'ultimo vertice di Bruxelles, mette da parte ogni cautela verso il testimone di nozze di sua figlia e per evitare l'accerchiamento degli altri partner attacca:

> La presidenza italiana non ha proposto nessun compromesso sulla Costituzione europea, come era nelle sue responsabilità. La presidenza italiana sa che nelle circostanze attuali un accordo non è possibile, quindi o ha rinunciato a ottenere un accordo oppure pensa che c'è un'altra via per raggiungerlo, senza la presenza della presidenza italiana.

Finirà com'è noto. Aznar riprende l'aereo per Madrid soddisfatto della propria "posizione chiara". Blair vola a Londra sereno come del resto era arrivato. «Meglio nessun accordo che un cattivo accordo», ripeterà poi Berlusconi, badando bene a non puntare l'indice verso Aznar e a sommare così al fallimento della CIG anche un nuovo rischio di isolamento in Europa. «Non c'è mai stata un'ombra nei nostri rapporti», garantisce, «c'è sempre stata la massima trasparenza sin dall'inizio». Piuttosto lascia intendere che tra i principali responsabili del nulla di fatto ci sia Parigi. Aznar ringrazia e ricambia dimenticando le parole di qualche giorno prima: «La presidenza italiana ha fatto tutto il possibile».

7. La coppia che conta

«Siamo di fronte a uno scontro tra modelli: Halloween o la Befana, McDonald's o la polenta». Ricorre a una contrapposizione difficile da rintracciare nei manuali di diritto comunitario Umberto Bossi per spiegare, agli ascoltatori di Radio Padania, proprio nel giorno in cui Berlusconi assume la presidenza di turno dell'Unione Europea, la sua contrarietà al "superstato neogiacobino" a cui lavorerebbero le cancellerie dei Quindici. Indubbio il successo radiofonico del capo della Lega. Soprattutto quando ricorre a un altro dei suoi refrain preferiti: «Attenti, c'è il rischio di una nuova Unione Sovietica». Poi arriva il suggerimento programmatico per il Cavaliere: «Nel semestre italiano si può contribuire a portare un po' di chiarezza sull'Europa. Possiamo far capire alla gente la necessità di operare affinché l'Europa non divenga una nuova macchina dittatoriale che toglie diritti ai popoli». Nello stesso giorno «la Padania» pubblica un'intervista altrettanto indicativa dell'idea che il ministro ha dell'orizzonte del semestre: «Sarà opere pubbliche e soldi per difenderci dall'immigrazione sconsiderata e clandestina». Poi, in questa sorta di manifesto leghista spiega che per garantire il protezionismo il "Parlamento del Nord" ha deciso di mandare in campo una non meglio precisata «Fanteria padana».

Eccolo qui, l'euroantagonismo bossiano. Declinato in via prescrittiva per il capo del governo e in forma illuminante per i partner europei nel D-day del semestre targato Roma. Non che sia una sorpresa per nessuno. Bossi non regala singolari novità ma ruvide conferme con ottima – sicuramente per lui, meno per Berlusconi – scelta di tempo.

La Lega ha attraversato varie fasi e vissuto diverse stagioni da quando la tenne a battesimo il senatùr: giustizialista e garantista; cattolicissima e avversaria della Chiesa e del papa; partito di lotta, poi di governo e ora – si direbbe – di lotta al governo; pacifista e interventista; nemica degli USA e amica degli USA. Si riducono a un paio le costanti rintracciabili nella pittoresca retorica del leader leghista e, di conseguenza, nella linea politica del movimento: l'avversione per "Roma ladrona" – solo annacquata di tanto in tanto, per non arrecare eccessivi disturbi gastrici al capo del governo, in "Roma padrona" – e l'ostilità per i processi di unità economica e politica dell'Europa.

Inseguendo lo zigzagare dell'uomo di Ponte di Legno da vent'anni in qua si scopre un fugace innamoramento dell'idea di aprire i "sacri confini", ma solo in nome di un'alternativa al sistema-paese considerato senza spina dorsale e di un sentimento di prossimità etnospirituale più ai popoli al di là delle Alpi che a quelli sotto la linea del Po. Scrive Paolo Rumiz nel marzo 2002 sulla «Repubblica» del rapporto Lega-Europa: all'inizio è un mito, ma solo "in apparenza", in quanto non è che

> un modello economico antagonista alla baracca-Italia, non una cosa politica. Politicamente c'è dell'altro: il federalismo etnico della Baviera dove fermenta – con soldi ufficiali e la supervisione del DC Edmund Stoiber, oggi candidato alla Cancelleria tedesca – il primo modello antagonista d'Europa. È l'idea che smantella gli Stati e lascia le *Heimat* ['patrie'] – etnicamente omogenee – libere di aggregarsi.

L'idea, quindi, di un'Europa minimale, a due velocità, guidata da un nucleo egemone che includa il Nord Italia.

Sull'integrazione dell'Europa, sul cammino verso un soggetto politico che fosse più di un'area di libero scambio e quindi destinato a raccogliere su di sé il governo di ambiti prima di esclusiva competenza dei singoli Stati, Bossi non ha mai parlato con "lingua biforcuta". Tutt'altro. Ad agosto del 2000 avvisa che «bisogna tenere gli occhi aperti di fronte ai tentativi di costruire un'Europa dominata dai comunisti, dai banchieri e dai frammassoni». Un paio di mesi dopo chiarisce oltre ogni ragionevole dubbio la sua contrarietà all'ingresso di nuovi paesi nell'Unione in quanto «l'allargamento creerà gravi problemi al Nord Italia dato che gli aiuti attualmente diretti al Meridione saranno dirottati verso i paesi dell'Est». Nel sottoscrivere il patto (davanti al notaio...) con la Lega, Berlusconi ne era dunque perfettamente consapevole. E anche concorde, come attesta il comune voto contrario alla Carta dei diritti europei nel Parlamento italiano l'ottobre 2000, Carta che sarà sottoscritta dai Quindici al vertice di Nizza del dicembre successivo. Il numero uno del centrodestra italiano però deve conservare l'ambiguità; suonando la grancassa, è entrato a far parte della famiglia europopolare, la più europeista esistente – anche se meno di prima dopo l'apertura ai postfranchisti di Aznar e ai conservatori inglesi – e non può contraddirsi tanto platealmente proclamandosi contemporaneamente erede legittimo di Alcide De Gasperi e alleato di una formazione eurofobica.

Ecco allora stagliarsi un sorta di "ufficiale di collegamento" che, per la verità, col tempo diverrà molto di più per Bossi: Giulio Tremonti, già ministro delle Finanze nel primo governo Berlusconi, poi titolare-ombra dell'Economia ai tempi dei governi del centrosinistra. Tanto di più che – è storia del gennaio scorso – tra le file di AN e dell'UDC c'è chi si chiede se il professore di Sondrio sia nell'elenco dei ministri di Forza Italia o della Lega.

Fra Tremonti e Bossi è feeling vero e immediato. Il primo, negli anni, vestirà con la sua indubbia competenza e l'eloquio raffinato di chi è aduso ai salotti buoni, agli studi arredati con pezzi d'epoca e alle aule delle facoltà anglosassoni, le eruzioni bossiane. Desta una qualche impressione, per esempio, osservare come – capita nelle interviste che i due danno ai giornali a cavallo del cambio tra lira ed euro – utilizzino stessi argomenti, stesse motivazioni e perfino stesse parole: naturalmente più "rotonde" e spalmate dentro lunghe risposte dotte e gonfie di citazioni il primo, più brusche e rumorose come martellate il secondo.

La strana coppia è all'origine del primo grande strappo nella politica estera del governo Berlusconi con il solco europeista fino ad allora percorso dall'Italia: le dimissioni del ministro degli Esteri Renato Ruggiero agli inizi di gennaio del 2002. Spiegherà lo stesso ambasciatore, due mesi dopo, a Roberto Petrini della «Repubblica», all'indomani del congresso leghista di Assago in cui Bossi ha etichettato l'Europa come «superstato stalinista, l'Unione sovietica d'Occidente»: «Credo che sia ormai chiaro a tutti il vero motivo delle mie dimissioni, se non lo avessi fatto allora lo avrei dovuto fare oggi di fronte alle mostruosità di Bossi».

Come capita quando c'è da punteggiare momenti importanti del movimento e della sua linea politica, il leader leghista si prende ben due ore per la relazione. Naturalmente dentro infila di tutto. Ma il centro del discorso è proprio l'Europa, e qui siamo al fiume in piena che rompe gli argini: parla di «dominio della tecnocrazia», di una macchina burocratica apolide, di «un processo discutibile che mette in pericolo le nostre libertà». Urla dal palco: «Chi vuole un'Europa senza Stati vuole un superstato, vuole l'Unione sovietica disegnata da

Stalin [...] vuole un potere giudiziario superiore alla sovranità popolare, vuole un'Europa giacobina". Poi s'infila in un tortuoso ragionamento da cui si ricava un concetto abbastanza netto: chi vuole tutte quelle cose lì pensa a un'Europa fascista.

Tra i più entusiasti dell'esposizione del Bossi-pensiero è Giulio Tremonti che, ad Assago, vince la gara dell'applausometro. Il vessillo antieuropeista della Lega viene forse stracciato da qualche partner dell'alleanza? Nessuna presa di distanze si ascolta al congresso. E, tornando all'intervista di Ruggiero, l'ex numero uno del WTO punta l'indice proprio su questo aspetto e fa capire di considerare gran parte dell'esecutivo in qualche modo "correo" del capo del Carroccio, a partire dal presidente del Consiglio. «Mi hanno indignato», prosegue infatti, «non solo le affermazioni sull'Europa ma anche le altre che sono state fatte, senza essere contraddette da nessuno, contro il mondo islamico, contro gli immigrati musulmani o altre cose incredibili sulle qualità della razza padana che addirittura si contrapporrebbero alla *gens italica*». E chi avrebbe dovuto, prima degli altri e più degli altri, zittire il suo ministro se non Berlusconi? Ma non accade, tant'è vero che tocca al Quirinale intervenire con un'iniziativa forte, la convocazione al Colle del primo ministro a cui fa seguito una nota dove si conferma l'indiscusso spirito europeista dell'alleanza di governo.

Il comportamento di Berlusconi, che prima sminuisce e poi richiamato dal presidente della Repubblica torna su suoi passi, fa scrivere a Piero Ostellino sul «Corriere della Sera» una lettera al capo dell'esecutivo:

> Un governo in cui un ministro definisce l'Unione Europea una sorta di Unione Sovietica e il presidente del Consiglio si affanna a garantire della sua lealtà europeista è, mi perdoni la franchezza, un governo esposto al dileggio. Allora, caro presidente, la smetta di nascondersi dietro l'equi-

librio istituzionale e l'europeismo di Ciampi e dica qual è, in concreto, la sua *idea di Europa unita*.

Ultimi mesi del 2001, primi del 2002. Cadono qui i pur sottili veli che celavano lo scarso entusiasmo europeista del governo. Partendo dall'episodio del ritiro dell'Italia dal progetto di costruzione dell'aereo militare, l'airbus A400M, deciso dal ministro della Difesa Antonio Martino, Filippo Andreatta e Elisabetta Brighi scrivono che

> questo episodio doveva rivelarsi, in seguito, un vero spartiacque nella politica estera del secondo governo Berlusconi. Da questo momento, infatti, le istanze europeiste cui Ruggiero dava voce avrebbero cozzato sempre più fragorosamente con la linea filoamericana di Berlusconi e Martino e con quella antieuropea di Giulio Tremonti, Umberto Bossi e, in misura minore, Rocco Buttiglione.

Etichette all'Europa il leader della Lega ne ha appiccicate numerose. Ovviamente tutte negative. Ma quella che ha riscosso maggior "fortuna" spunta in un comizio a Milano nel dicembre 2001. La manifestazione, organizzata per mandare a casa i clandestini, passa alla storia per altra ragione. Lì, davanti al Castello Sforzesco, in una gelida mattinata Bossi grida: «Non sarò certo io a consegnare un operaio della Bovisa o un cittadino di Arcore a Forcolandia, magari una Forcolandia ex comunista». Fatto. L'Europa che sta decidendo il cosiddetto spazio giuridico comune, l'adozione del mandato di cattura internazionale, viene ribattezzata "Forcolandia". Per di più, il ministro delle Riforme spiega che è stato proprio lui a ispirare il no espresso nei giorni precedenti dal titolare della Giustizia, Roberto Castelli, anch'egli leghista, e a convincere il premier. Poco male se la linea scelta dall'Italia contribuisce ad attirare su di essa i sospetti e i dubbi degli altri partner europei sulla situazione personale del premier italiano, già aumentati dal disco verde alla legge che complica il ricorso alle rogatorie internazionali, e a rallentare quella cooperazione internazionale fra organismi giudiziari invocata da più parti dopo l'attacco alle Torri Gemelle dell'11 settembre. Sarà un caso, o forse no, ma proprio lo stesso giorno Tremonti si fa intervistare dalla «Stampa» bocciando il mandato di cattura europeo: la coppia, com'è ovvio, gioca insieme.

«Non siamo contrari per principio, ma vogliamo che tutto venga deciso alla luce del sole. Invece c'è stato uno strappo nel processo democratico, siamo tornati all'Antico Regime», sostiene il ministro. E a proposito del difficilmente confutabile voto contrario dell'Europarlamento sulle rogatorie, se la cava mandando la palla in un calcio d'angolo lessicale: «Non c'è stato voto contrario ma un voto orario: in quel momento in aula c'era una maggioranza di attivisti di sinistra».

Il primo gennaio del 2002 entra in circolazione l'euro, la moneta dell'Europa che manda in soffitta la lira, il franco, il marco e altre nove divise usate nell'Unione. Ciampi parla, giustamente, di evento storico. C'è anche commozione nel capo dello Stato. Dirà Ruggiero, ministro degli Esteri ancora per una manciata di giorni, al «Corriere della Sera»: «Il discorso di fine anno del presidente della Repubblica è stato bellissimo. Mentre nel governo si sono sentite poche voci e tutte di forte scetticismo se non addirittura di critica dell'avvenimento. E poi un grande silenzio». In quest'ultima casella, il titolare della Farnesina evita di citarlo, ma c'è il presidente del Consiglio che, interpellato, nei giorni successivi nega decisamente ricordando di aver scritto "di proprio pugno" la lettera con cui gli italiani hanno ricevuto a casa l'euroconvertitore. Vero, ma al battesimo il suo silenzio è stato rumoroso.

Chi non ha rinunciato a intervenire sono stati, manco a dirlo, Bossi e Tremonti. Per il primo la questione dell'introduzione dell'euro è presto risolta: «non frega niente a nessuno» e, naturalmente, a lui – che è ministro della Repubblica e non solo semplice cittadino come altri cinquanta milioni e passa di italiani – "non frega" allo stesso modo. Niente rasoiate da Tremonti, più aduso ad aristocratici giochi di lama anche se con il medesimo effetto finale. La sua idea dell'euro? Così risponde ad Aldo Cazzullo, sulla «Stampa»: «Non vorrei parlare di moneta ma di Costituzione. Non di economia ma di politica. Ho qualche ritrosia a mettermi su una strada che pare la via delle maschere di Lévi-Strauss, frequentata da primati con le insegne, guaritori, sciamani, taumaturghi, bancari». E, più avanti, sul clima di celebrazione per quella che viene considerata una svolta storica, aggiunge che «in effetti la liturgia viene celebrata con saggi che occupano metri quadrati di giornale e la materia è trattata nella forma della simbologia salvifica: l'euro come supertalismano». È proprio un fuor d'opera, seguendo il filo del ragionamento tremontiano, inscrivere nell'elenco degli "sciamani" gente come Ciampi o Chirac o Schroeder o gli altri capi di Stato e di governo europei?

I gemelli del goal euroscettico, protagonisti anche sul piano interno – soprattutto interno all'alleanza di governo – di un calcio altamente sincronizzato, con schemi spesso messi a punto nelle cene del lunedì sera a casa del Cavaliere alle quali non siedono né Fini né Follini né altri, ma solo i due ministri e il capo del governo, giocano di coppia anche più in là. È il caso già richiamato delle multe agli allevatori italiani che hanno sforato le quote di produzione di latte assegnate dall'Unione. La Lega si schiera con i produttori che rifiutano di pagare e che nel frattempo protestano invadendo strade e autostrade e sparando letame sulle forze dell'ordine. Tremonti convince Berlusconi e così, nel Consiglio Europeo di Bruxelles del marzo 2003, l'Italia blocca l'intesa sul fisco perché non ottiene la dilazione di trent'anni per il pagamento delle multe senza interessi. Il comportamento del governo italiano manda su tutte le furie la Germania e fa dire al premier greco Simitis, presidente di turno dell'UE, che tirar fuori all'ultimo minuto obiezioni sulla tassazione del risparmio non è stata una cosa ben fatta: con tutte le cautele del linguaggio diplomatico, è evidente la severa censura al paese che sta per assumere, di lì a poco, la stessa responsabilità della Grecia.

L'intesa viene raggiunta proprio alla vigilia del passaggio di consegne, nell'ultimo Consiglio Ecofin di giugno. Gli altri partner concedono all'Italia metà di quanto chiede (rateizzazione in quattordici anni senza interessi) e in cinque minuti il ministro Tremonti toglie il veto italiano: così passa l'accordo inseguito da anni sulla tassazione del risparmio, lo stesso accordo raggiunto cinque mesi prima e rimasto nel cassetto per il disco rosso italiano interessato allo scambio sulle multe. «Abbiamo difeso l'interesse nazionale», esulta Tremonti. Omettendo di ricordare, però, che in questo modo gli allevatori italiani che avevano rispettato le quote, guadagnando meno di quelli che invece avevano sforato, non sono stati tutelati e, inoltre, che nulla era stato deciso a proposito di quella che per Berlusconi, a marzo, era stata la battaglia più importante: la revisione delle quote.

Niente da stupirsi: è la stessa filosofia che ispira la politica economica dei condoni. Ancora una volta, comunque, va in goal la coppia Tremonti-Bossi e solo lei, facendo crescere il bottino della squadra euroantagonista a danno della sempre più debole formazione avversaria presente nel governo.

L'esito finale del semestre e quello della Conferenza intergovernativa, narrati nei prossimi capitoli, stanno lì a dimostrare come la linea espressa principalmente dai due ministri, ma non estranea certo al presidente del Consiglio, abbia segnato i risultati dell'uno e dell'altra.

8. Ecofin e dintorni

È stata chiamata la notte dell'inabissamento. Il trattato, come una nave catturata da gorghi indomabili, è andato a fondo. Come tutte le tempeste che si rispettino, la riunione dei ministri del Tesoro dell'Unione è durata una manciata di ore. Però, allo spuntare del giorno, il sole non splendeva su tutto l'orizzonte ma soltanto su alcuni territori.

Tra una cena ufficiale e un dopocena fitto di colloqui a due, a tre e di gruppo, con protagonisti che passavano da un crocchio all'altro, in uno scenario più da Hotel Gallia al tempo del calciomercato che da austere stanze ministeriali, ha preso forma l'orientamento sancito l'indomani con le formali votazioni. Decisione presa: niente sanzioni per Francia e Germania colpevoli di sforamento. Risultato ottenuto: i Quindici divisi tra loro e Commissione sul piede di guerra. E, per la prima volta dal suo atto di nascita, Patto di Stabilità rimesso bruscamente nel cassetto, con tanti saluti.

Il Patto di Stabilità e di Crescita è nato ufficialmente nel 1997 ad Amsterdam per dare concreta applicazione ai criteri fissati dal trattato di Maastricht cinque anni prima al fine di tenere sotto sorveglianza i deficit pubblici in vista dell'adozione dell'euro. Il patto, lo ricordiamo, impone ai paesi della zona euro l'obbligo di tendere verso un rapporto fra debito pubblico e PIL non superiore al 60 per cento e stabilisce tassativamente che il rapporto fra deficit delle amministrazioni pubbliche e PIL non debba oltrepassare il 3 per cento.

Qualora il deficit di uno Stato membro si avvicini alla soglia, il Consiglio Ecofin, cioè la riunione dei quindici ministri del Tesoro, lancia un avvertimento preventivo, il cosiddetto *early warning*, calcisticamente un cartellino giallo, al quale segue una raccomandazione vera e propria in caso di sforamento del bilancio. Se il paese in questione non rispetta la raccomandazione e supera la soglia del 3 per cento per due volte di seguito, l'Ecofin può decidere l'imposizione di quattro tipi diversi di misure: la pubblicazione di informazioni supplementari prima dell'emissione di titoli, la richiesta alla Banca Europea degli Investimenti di rivedere i suoi rapporti con il paese in questione, la richiesta allo Stato di un deposito infruttifero presso l'Unione, una sanzione pecuniaria adeguata che abbia una base fissa pari allo 0,2 per cento del PIL.

Per avere qualche ultima preliminare informazione che serva a comprendere cosa è capitato all'Ecofin fra il 24 e il 25 novembre 2003, bisogna sapere che il Consiglio, fino a quella data, aveva approvato nel 2001 un avvertimento all'Irlanda per inflazione troppo alta e politica pro-ciclica, respinto un avvertimento a Portogallo e Germania nel febbraio 2002 per rischio deficit, approvato tre raccomandazioni per deficit eccessivo verso Portogallo, Germania e Francia rispettivamente nel novembre 2002, gennaio 2003 e giugno 2003.

Francia e Germania sono stati per lunghi decenni il motore dell'Unione, esprimono un terzo dell'intera popolazione europea e più del 50 per cento del potenziale economico dell'area euro, ma soffrono pesantemente negli ultimi anni gli effetti di una stagnazione economica che ha appesantito l'onere del welfare sui bilanci nazionali: in poche parole, poca crescita, troppo deficit. Entrambi i paesi sono infastiditi dall'essere per la prima volta sul banco degli imputati: la Germania ha chiesto tre anni di tempo per passare dal 4,2 per cento al 2,5 per cento di deficit, ha chiesto cioè di poter spalmare i 6 miliardi di euro di tagli che le sono stati richiesti cercando così di conciliare il rispetto del Patto e il bisogno di sostenere la congiuntura nazionale; analoga situazione è stata spiegata da parte francese.

Sul piano della politica pura, all'Ecofin di fine novembre si discute del rapporto di potere fra Commissione e Stati membri, con il paradosso che solo pochi anni fa erano Parigi e Berlino, oggi alla ricerca di una via di fuga, a chiedere un governo comune dell'economia e poteri federali in tale direzione; si discute inoltre del rapporto fra Stati grandi per cui le regole si interpretano e Stati piccoli per cui le regole si applicano (è il caso del Portogallo, che affrontò una fase recessiva di un anno per aver rispettato i contenuti di una dura raccomandazione). Sul piano della politica economica, si discute invece del rapporto fra Banca Centrale Europea, guardiana della stabilità, e banche nazionali, ancora attente al valore della crescita; e, a proposito di crescita, si discute fra economisti se deficit nazionali più liberi possano effettivamente aiutare la crescita o se si tratti di un mito infondato.

Il confronto fra le posizioni potrebbe avere due esiti, sfociare in una soluzione di compromesso condivisa o risolversi con una votazione, anzi in due: la prima dentro l'Eurogruppo a dodici, la seconda dentro l'Ecofin a quindici; da un lato i falchi, i duri a oltranza, Olanda, Austria, Finlandia, che hanno bisogno di 21 voti per bloccare decisioni troppo arrendevoli e che ne hanno solo 12; dall'altro Francia e Germania costrette ad astenersi quando una eventuale votazione le riguardi; in mezzo, a ballare, Irlanda e Belgio con i loro 8 voti, il piccolo ma esperto Lussemburgo e la Spagna indecisa su come massimizzare politicamente il proprio consenso in vista del negoziato costituzionale.

Come si capisce, la battaglia all'Ecofin di novembre assomma significati molteplici che hanno un impatto, indiretto sì, ma notevole, sulla trattativa costituzionale finale che sta per aprirsi di lì a quindici giorni.

Come trovare allora – compito della presidenza italiana affidata a Giulio Tremonti – una soluzione che tuteli il Patto, non discrimini fra grandi e piccoli e si agganci a quella finestra di ottimismo offerta dall'inizio di una ripresa globale della crescita?

Il superministro italiano affronta il negoziato distribuendo una propria proposta – da discutersi all'interno di ciascuna delegazione con il proprio ministro degli Esteri in vista del vertice di Napoli la settimana successiva – in cui i già fragili poteri di coordinamento delle politiche economiche attribuiti alla Commissione dalla bozza di Giscard regrediscono a possibilità degli Stati di gestire le politiche economiche nazionali considerandole "tema di impegno comune". In conseguenza, la Commissione verrebbe indebolita nella capacità di sorveglianza dei deficit eccessivi e privata del potere di inviare avvertimenti ai paesi che si discostano dalle linee guida dell'Unione. Si tratta di una proposta, com'è ovvio, ma la strizzata d'occhio ha una direzione esplicita. E produce i suoi frutti.

La mattina seguente, dopo una maratona notturna di incontri bilaterali che termina alle quattro e che registra il duro dissenso del commissario Solbes e del presidente Prodi, la procedura per deficit eccessivo contro Francia e Germania viene sospesa: Olanda, Austria, Finlandia e Spagna votano a favore della procedura d'infrazione; l'Italia si astiene come presidente di turno; Belgio, Lussemburgo, Irlanda, Grecia e Portogallo votano contro; Svezia, Danimarca e Gran Bretagna (che partecipano solo all'Ecofin) si astengono ma contribuiscono a determinare la maggioranza qualificata che blocca la richiesta della Commissione.

«Vogliamo che il Patto rimanga ben vivo, ma anche in mano ai governi che lo hanno sottoscritto», così Gordon Brown, potente ministro britannico dell'Economia; altrettanto esplicito Giulio Tremonti: «Non ci trovo nulla di male a dire che abbiamo raggiunto un accordo politico. In fondo, a favore del Consiglio ha votato l'ottanta per cento del PIL europeo».

È assolutamente vero che, sulla base degli interessi nazionali, sono saltate le geografie tradizionali: hanno votato contro la Commissione cinque paesi fondatori su sei (Tremonti freudianamente vi include anche l'Italia che pur non si è espressa ma ha promosso l'intesa), alcuni paesi piccoli come Lussemburgo, Grecia e Portogallo e grande è anche l'assortimento fra centrosinistra e centrodestra. Così l'unico fatto che risalta è la sconfitta dell'interesse comunitario e di chi lo rappresenta istituzionalmente.

«Si passa da un sistema basato su regole a un sistema basato su dichiarazioni politiche, e questo rappresenta un grande cambiamento», commenta amaramente Pedro Solbes che aggiunge: «Non è stata rispettata né la lettera né la cornice del trattato»; il commissario spagnolo si riserva di presentare un ricorso alla Corte di Giustizia contro la decisione assunta dall'Ecofin e viene rimproverato per una *overreaction*, di essersela cioè presa un po' troppo, ma il 13 gennaio 2004, dopo un'aspra discussione, la Commissione a maggioranza deciderà di ricorrere alla Corte. Anche Prodi giudica severamente la scelta del Consiglio: «Da parte mia non è stata una decisione difficile, perché quando si deve fare il proprio dovere e ci sono delle norme da rispettare, tutto è semplice. Mi dispiace, però, che l'interesse particolare abbia prevalso su quello generale».

La polemica ha una coda velenosa con una lunga intervista di Tremonti al «Corriere della Sera» nella quale il ministro ricostruisce la notte di Bruxelles e le responsabilità della Commissione. Immediata la lettera di replica di Prodi che ricorda il passaggio chiave della trattativa fallita:

> Giulio Tremonti, a cui chiesi qual era la sua risposta, si limitò a sorridere, aprendo le braccia, senza dire una sola parola per cercare, come rappresentante del governo che ricopriva la presidenza di turno dell'Unione, una soluzione di compromesso, una soluzione che evitasse una rottura istituzionale e la divisione fra i paesi membri.

Il Patto non è un atto di fede ma, in assenza di una vera e propria *governance* economica, coadiuva la Banca Centrale nella funzione di garante della stabilità economica europea.

Il dibattito sul merito è ed è stato da sempre molto aperto. L'economista Jean-Paul Fitoussi ha rimproverato per anni l'Europa, scrivendo su numerosi quotidiani continentali, di aver inventato una macchina che ha soltanto il pedale del freno e non quello dell'acceleratore. In Italia, Giacomo Vaciago ha sdrammatizzato la decisione in sé, quando ha ricordato che una sanzione che si fondi su uno scostamento dello 0,1-0,2 per cento del PIL rischia di basarsi su un errore statistico. Lo stesso Prodi era stato rimproverato nell'ottobre 2002 quando sulle colonne di «Le Monde» aveva definito il Patto «stupido, come tutte le decisioni rigide».

Così, all'indomani della "notte di Bruxelles", si è aperto un doppio dibattito sulla riforma possibile del Patto e sulle conseguenze politiche della rottura.

Il primo tema è stato paradossalmente più pacifico, poiché da diverso tempo ormai si trovano sul tappeto alcune ipotesi che renderebbero più flessibile l'accordo stipulato ad Amsterdam. La maggior parte delle proposte tende a escludere alcune categorie di spesa dal computo del deficit poiché considerate strategiche per la crescita: si fa riferimento agli investimenti pubblici in generale o ad alcune categorie specifiche come le infrastrutture, la difesa, la ricerca. Altre tendono, invece, a flessibilizzare la soglia di deficit ammesso in relazione al ciclo economico: 2 per cento nei tempi di espansione, 4 per cento in quelli di recessione.

Assai più preoccupata l'analisi delle conseguenze a freddo della rottura. In effetti, bastano pochi giorni per capire che la voglia di dare uno schiaffo alla Commissione ha prodotto numerosi effetti collaterali: è stata colpita due volte la Spagna, nella figura del Commissario Pedro Solbes e in quella del premier Aznar, che si intendeva persuadere a rinunciare a una quota del proprio voto ponderato nel negoziato costituzionale in nome di un interesse superiore: «Se si può decidere niente meno che la sospensione di un trattato nel corso della riunione dei ministri, ci si può immaginare l'importanza che assume per noi la discussione sulle modalità di voto in seno all'Unione». Al tempo stesso si è permesso alla Gran Bretagna di infilarsi con abilità nelle difficoltà franco-tedesche per portare a casa un altro punto a vantaggio di ciò che è intergovernativo rispetto a ciò che è comunitario. Infine, si è immaginato, forse, che un favore a Francia e Germania sarebbe stato utile in futuro in caso di difficoltà finanziarie dell'Italia.

La spiegazione fornita da Frattini, infaticabile avvocato d'ufficio delle gaffe della presidenza italiana, è quasi disarmante: «Abbiamo dimostrato che non vogliamo mettere i bastoni fra le ruote a francesi e tedeschi». In realtà, la mina fatta brillare da Tremonti al tavolo dell'Ecofin non danneggia un insieme di norme contabili, magari anche riscrivibili consensualmente, ma il codice di convivenza politica ed economica dei membri dell'Eurogruppo; le quattro votazioni a maggioranza chiamate dalla presidenza italiana per violare una regola a vantaggio dei più forti istigano ciascun paese a difendere ostinatamente il diritto di veto e comunque, nel frattempo, i voti ponderati faticosamente strappati con il trattato di Nizza.

In Italia, per completare il quadro, insorgono regioni e comuni, a loro volta legati da un patto di stabilità interno in scala ridotta che permette al paese di rispettare quello europeo: se Tremonti si è adoperato per liberare Francia e Germania dai loro obblighi perché dovremmo continuare a rispettarli noi?

Il presidente della Repubblica si appellò affinché l'occasione irripetibile di una nuova Costituzione venisse accolta senza indugi, ma la previsione più lucida e, visti gli eventi, più lungimirante fu avanzata immediatamente da Francesco Giavazzi sul «Corriere della Sera»: «La vittoria di Tremonti a Bruxelles è paradossalmente scacco matto a Berlusconi che tanto puntava a ospitare a Roma la cerimonia conclusiva della Conferenza». Chiosa severamente Vincenzo Visco: «È una giornata nera, ma è certo che Giulio Tremonti farà la fine dell'apprendista stregone».

La coppia che conta ha colpito ancora, ma stavolta a cadere per fuoco amico sarà proprio Silvio Berlusconi.

9. A Roma, a Roma...

Gli strateghi della comunicazione glielo avevano spiegato chiaramente: da un anno, la Casa delle Libertà registra un costante calo di consensi a causa degli scarsi risultati del governo in campo economico e dell'accresciuta litigiosità fra gli alleati; il 2004 può essere un anno di svolta, a condizione che un accenno di ripresa economica si combini con qualche significativa vittoria elettorale. E le occasioni non mancano, poiché con il 2004 si apre un triennio elettorale densissimo che vedrà gli italiani votare per le elezioni amministrative e europee nella tarda primavera, per le regionali nel 2005 ed infine per le politiche nel 2006. Fra i due appuntamenti di quest'anno, le elezioni amministrative non promettono niente di buono. Nel 2003 i test parziali hanno fatto registrare sonore sconfitte per la destra: troppe le discussioni fra alleati, troppa l'influenza di fattori specificamente locali, poca la possibilità di far pesare la figura del capo della coalizione. Ma le europee invece...

Le elezioni europee del 13 giugno potrebbero essere la vera chiave della riscossa della destra, come già lo furono nel 1999: una campagna elettorale miliardaria, una legge elettorale totalmente proporzionale che consente di evitare voracità e ricatti degli alleati, la possibilità di candidare Berlusconi capolista in tutta Italia e un album di successi europei da rivendicare per entrare definitivamente nella categoria degli statisti.

E cosa di meglio, dopo un semestre di visibilità mondiale, che la firma della prima e nuova Costituzione Europea assieme agli altri ventiquattro capi di governo sul meraviglioso palcoscenico di Roma? Perfino la data, che deve essere compresa fra il primo maggio, giorno di ingresso nell'Unione dei nuovi paesi, e il 13 giugno, giorno scelto per il sesto rinnovo del Parlamento europeo, cade a pennello: sarà il 9 maggio, festa dell'Europa, data che ricorda la prima dichiarazione di Robert Schuman nel 1950, poco più di trenta giorni prima del voto.

Se la firma dell'accordo NATO sul Consiglio a venti, che aveva sancito con l'ingresso della Russia il passaggio da 19+1 a 20 senza bisogno del "+", era stata un'occasione straordinaria per trasformare per sole cinque ore la base militare di Pratica di Mare in un'indimenticabile scenografia di prati sintetici, statue romane di cartapesta e fondali azzurri con nuvole stile Forza Italia, figurarsi la firma di una vera e propria Costituzione che vede allineati per la prima volta i quindici membri dell'Unione Europea e i dieci nuovi soci del club. È la strategia del calendario. Occorre assicurarsi che la firma, anche laddove il negoziato si concluda sotto la presidenza irlandese, avvenga a Roma. Lo ribadisce solennemente il presidente del Consiglio durante l'intervento di presentazione del semestre alle Camere fra gli applausi della sua maggioranza:

> Contiamo di aprire la conferenza nel corso del mese di ottobre con la speranza di pervenire alla conclusione dei lavori entro la fine dell'anno, così da firmare a Roma, dove nacque l'Europa di cinquant'anni fa, il secondo trattato di Roma. E credo che questo rappresenti un successo di tutto il paese.

Al lavoro, dunque, per portare a Roma la firma, costi quel che costi.

Gli italiani, si sa, sono fra i popoli più euroentusiasti del continente, ma le istituzioni europee sono materia assai complessa che richiede qualche preliminare chiarimento per comprendere la partita che è andata in scena fino al drammatico vertice di Bruxelles del 12 e 13 dicembre 2003.

La storia del processo di integrazione europea costituisce un inesauribile giacimento di innovazione politica ed istituzionale. Dopo un lungo periodo nel quale l'approfondimento dell'integrazione e l'allargamento a nuovi membri erano andati lentamente di pari passo, negli ultimi quindici anni il processo di costruzione europea ha conosciuto un decisivo scatto in avanti. Dopo l'ingresso di Portogallo e Grecia, nel 1986, veniva adottato l'Atto Unico Europeo, un impegno che ha consentito di raggiungere il traguardo del mercato unico interno. Poi è stata la volta del trattato di Maastricht, nel 1992, che oltre alle innovazioni introdotte nel trattato CEE, ha rappresentato l'atto costitutivo dell'Unione Europea e ha dato il via al processo dell'Unione Economica e Monetaria che ha condotto, in dieci anni, all'introduzione dell'euro. Nel 1995 entravano a far parte della Comunità Austria, Finlandia e Svezia. Due anni dopo, nel 1997, veniva siglato il trattato di Amsterdam, un atto deludente che, tuttavia, definiva meglio l'Unione Europea. Come già successo a Maastricht, il trattato di Amsterdam lasciava aperto il processo di revisione che iniziava ben presto dopo la sua firma.

Gli anni Novanta si concludono con l'entrata in vigore dell'euro, anche se la circolazione di monete e banconote è rinviata al 2002, e con la nomina di "Mr PESC", l'alto rappresentante per la Politica Estera e di Sicurezza Comune.

A Nizza, per la terza volta in dieci anni, l'Unione modifica i suoi trattati e le regole di funzionamento delle istituzioni, e sancisce l'irrevocabilità del processo di allargamento definendo i rapporti ponderati di voto in Consiglio e di rappresentanza nel Parlamento europeo per i paesi candidati. Ma il compromesso di Nizza lascia tutti scontenti. Aveva permesso di non chiudere il vertice con un conclamato fallimento e, dunque, di convergere su una fragile e complessa ragnatela di scadenze e voti differenziati che però, a detta dei protagonisti, difficilmente avrebbe potuto funzionare.

Nel dicembre del 2001, all'indomani dell'attentato alle Torri Gemelle e con il mondo in bilico su una nuova stagione di violenze, al Consiglio europeo di Laeken i Quindici decisero di convocare una Convenzione sull'avvenire dell'Europa con lo scopo di redigere un documento finale da usare come base per la conferenza intergovernativa, la sede competente per elaborare e approvare le riforme istituzionali della nuova Europa.

La Convenzione è stata composta da centocinque membri rappresentanti dei governi degli Stati membri e dei paesi candidati, dei Parlamenti nazionali, del Parlamento europeo e della Commissione. Il Consiglio di Laeken indicò alla guida della Convenzione l'ex presidente francese Valéry Giscard d'Estaing, affiancandolo con due vicepresidenti, l'ex premier italiano Giuliano Amato e l'ex premier belga Jean-Luc Dehaene. Da ricordare, infine, gli altri membri italiani alla Convenzione: Gianfranco Fini per il governo, Lamberto Dini e Marco Follini per il Parlamento italiano, Cristiana Muscardini e Antonio Tajani per il Parlamento europeo, Claudio Martini per il Comitato delle Regioni, Emilio Gabaglio per i sindacati europei.

A Laeken, i Quindici consegnano l'obiettivo possibile di un vero e proprio testo costituzionale, che ridefinisca le "missioni" dell'Unione, superi la tradizionale struttura a tre pilastri, riformi gli strumenti normativi e la gerarchia fra di essi, ridisegni le istituzioni europee e l'equilibrio dei poteri fra le medesime.

La Convenzione si è insediata solennemente il 28 febbraio 2002 e, pur avendo originariamente un anno di tempo, ha illustrato il proprio lavoro solo al Consiglio europeo di Salonicco del 20 giugno 2003 e consegnato il testo definitivo al presidente Berlusconi a Roma il 18 luglio.

Quattrocentosessantacinque articoli, circa duecentotrenta pagine nella versione disponibile sul sito dell'Unione Europea: la nuova Costituzione non può proprio definirsi un tascabile. «Un testo imperfetto, ma fino a poche settimane fa insperato», per Giscard; «un passo avanti storico», secondo Giuliano Amato, «un progetto nel complesso poco ambizioso», nelle parole di Romano Prodi.

Il nuovo testo sancisce nel preambolo le nuove missioni dell'Unione, attribuisce la prevalenza del diritto comunitario su quello nazionale, integra nella Costituzione la Carta dei diritti, ridefinisce i rapporti fra gli organi dell'Unione potenziando il Parlamento europeo, riformando la Commissione e introducendo la figura del presidente dell'Unione in sostituzione del complicato sistema delle rotazioni semestrali, innova le procedure di voto immaginando a partire dal 2009 una doppia maggioranza di Stati e popolazione rappresentata che superi il meccanismo dei voti ponderati attribuiti dal trattato di Nizza.

Il progetto che giunge nelle mani della presidenza italiana contiene scelte che rispondono in pieno alle domande consegnate a Laeken e scelte frutto di compromessi che testimoniano le difficoltà terribili maturate nell'ultimo mese di lavoro. Come ha scritto l'Agence Europe:

> il dilemma che hanno tutti coloro che amano l'Europa è semplice. Di fronte a un progetto che non corrisponde alle speranze dei più ambiziosi ma comporta, comunque, dei miglioramenti sensibili rispetto a oggi, bisogna essere intransigenti e avere un giudizio negativo, o esprimersi positivamente indicando e deplorando le lacune?

Tranne l'«Economist», che ha dedicato una copertina *tranchant* all'argomento (un cestino della carta straccia con un titolo che recitava "Where to File Europe's New Constitution", cioè 'Dove archiviare la nuova Costituzione europea'), le valutazioni sono state in genere positive. Chiaramente, qualsiasi valutazione dipende dalle aspettative e dal ruolo che ricopre chi le esprime.

Se si considera la necessità di trovare una mediazione fra i grandi e i piccoli paesi, fra i vecchi e i nuovi soci, fra il Parlamento e il Consiglio, fra la Commissione e il Consiglio, fra i Parlamenti nazionali e quello europeo, il testo che va in discussione è quasi vicino al "miracolo" rivendicato da Giscard; solo Giulio Andreotti ha commentato caustico che «i miracoli li fa il Signore, non un'assemblea con tante persone». Opposto è ovviamente il giudizio se si considerano l'occasione storica che l'Europa ha avuto, le responsabilità derivanti dal momento internazionale e le aspettative presenti nell'opinione pubblica.

Il progetto combina il sostanziale status quo fino al 2009 con l'inserimento di due figure innovative – il presidente e il ministro degli Esteri – il cui rapporto con il presidente della Commissione è tutto da sperimentare anche perché assai ambigua (e priva di poteri reali, qualcuno aggiunge) è la definizione delle loro competenze. Così, con una guida politica bicefala, l'Unione dovrà affrontare una situazione inedita in cui i paesi grandi, decisamente minoritari nel formato a venticinque anche se soverchianti quanto a popolazione, saranno condizionati dalla schiacciante maggioranza dei paesi medio-piccoli (19 contro 6). Con queste regole, l'Unione dovrà discutere interamente il proprio quadro finanziario 2007-2013, al quale nessuno Stato è lieto di aggiungere nuove risorse, mentre alte, e dunque un po' ipocrite, restano le aspettative di prestazioni aggiuntive dell'Unione verso gli Stati membri.

Il presidente Giscard, durante i lavori della Convenzione, teneva una piccola tartaruga di lacca sul tavolo. La tartaruga cammina lentamente, non vola, non salta, porta con sé un grande peso, ha ricordato Follini, che però aveva invitato a considerare il testo una tappa e non un approdo.

Accanto alle molte luci, restavano tuttavia non poche ombre: le procedure di entrata in vigore e di modifica dei trattati, l'insufficiente coraggio in materia di *governance* economica europea, ovvero su come dotare l'Unione di una comune politica economica, il numero di materie (e soprattutto il loro significato) soggette alla regola dell'unanimità, cioè al diritto di veto di ciascuno Stato membro.

Al vertice di Salonicco, che chiude il semestre di presidenza greca, la consegna della bozza di Giscard diviene occasione solenne per festeggiare in anticipo la partenza della nuova Europa. Come si è capito da tempo, il Cavaliere – oltre a festeggiare la partenza – cerca di prenotare l'arrivo: i Quindici convengono che, anche qualora la trattativa slitti oltre dicembre, il nuovo trattato verrà firmato a Roma. Berlusconi festeggia: «È la prima nostra bella vittoria». Titola in modo involontariamente caustico «Il Foglio»: "L'Italia ce la fa, corona il suo ruolo di cuore cerimoniale dell'Europa". Appunto: cerimoniale.

Il vertice è denso di risultati ma lascia anche alcune questioni aperte, mentre non mancano i primi sgarbi fra il nostro paese e i partner comunitari. A Porto Carras, l'Unione incontra i cinque paesi dei Balcani che secondo la Commissione e il Consiglio completeranno, in un tempo ancora indefinito, il perimetro dell'Europa: Albania, Bosnia-Erzegovina, Croazia, Macedonia, Serbia-Montenegro; l'Unione stanzia sei miliardi e apre un percorso simile a quello offerto quindici anni prima ai paesi dell'Europa centro-orientale: pace, convivenza, superamento delle faide etniche, riforme in cambio di un traguardo fatto di sviluppo, benessere e integrazione. Considerati il dossier aperto su Turchia e il percorso da completare per Bulgaria e Romania, l'incontro di Porto Carras individua un futuro di medio-lungo termine in cui l'Unione giungerà al massimo a trentatré membri – «una *road map* senza date», secondo la brillante definizione di Frattini – ma mette anche la parola fine alle fantasie berlusconiane su un'Europa aperta a Russia e Israele.

L'Unione adotta formalmente la nuova strategia di sicurezza europea elaborata da Solana e intitolata "Un'Europa sicura in un mondo migliore": si tratta di un documento interessante, una strigliata alle responsabilità del nostro continente, il primo passo per un ravvicinamento intelligente all'alleato americano senza retromarce ma con la consapevolezza che serve un "multilateralismo efficace" per governare le crisi aperte. L'Europa, del resto, ha inviato la sua prima missione solamente europea in Macedonia, partecipa come UE alla missione ONU in Congo e si appresta ad assumere nuove funzioni nel 2004 in Bosnia succedendo alla NATO. Mentre l'Unione annuncia la nascita di un'Agenzia Intergovernativa per la Difesa per l'anno successivo, la stampa tedesca annuncia che la Gran Bretagna si sta ritirando da un progetto congiunto con Olanda e Germania per la costruzione di mezzi corazzati da trasporto e che l'Italia si è già ritirata dal progetto Polifemo che aveva con Francia e Germania per la costruzione di corvette.

Sul tema delicato dell'immigrazione, l'Unione stanzia nuove risorse – a dire il vero 140 milioni di euro contro i 40 miliardi che si spendono ogni anno sull'agricoltura – ma si divide sulle linee di fondo dell'utilizzo delle risorse. Ancora non pronta, a causa di una strenua resistenza franco-tedesca, è la soluzione allo spinosissimo dossier della politica agricola, che vedrà invece la luce in extremis nell'ultima riunione di Lussemburgo, sempre sotto presidenza greca, il mercoledì successivo.

Salta, invece, nel documento finale il riferimento al piano Tremonti sulle infrastrutture. I greci non gradiscono che, mentre ancora non è finito il proprio semestre, gli italiani desiderino già parlare di sé. Tedeschi, olandesi, francesi, scandinavi non sembrano particolarmente entusiasti e, soprattutto, non comprendono la relazione fra la proposta italiana e le iniziative analoghe assunte dalla Commissione. È l'inizio di un tormentone a cui abbiamo già accennato.

Spente le luci a Salonicco la parola è passata ai governi. Si è subito compreso che il negoziato non sarebbe stato una passeggiata: come comporre concretamente le prerogative del presidente della Commissione con quelle del presidente dell'Unione? Come affrontare la richiesta dei nuovi membri e dei paesi più piccoli di avere comunque un commissario con diritto di voto nella Commissione? Come mettere mano alla sofferta questione dei voti ponderati e del superamento di Nizza? Come risolvere la *querelle* sulle radici cristiane nel preambolo del testo?

Al termine della riunione informale di Riva del Garda, ai primi di settembre, il ministro Frattini comincia a comprendere che il negoziato intergovernativo si preannuncia molto duro: ogni richiesta di modifica ne chiama una uguale e contraria; i paesi tradizionalmente amici non mollano di un centimetro le loro posizioni; i nuovi paesi membri entrano con molta durezza nelle singole questioni, senza complessi di inferiorità.

Jacques Delors aveva, per primo, evocato l'immagine del "vaso di Pandora", invitando le parti a non compromettere il lavoro raggiunto. Anche la presidenza italiana si accoda rapidamente richiamando timidamente la possibilità che il negoziato possa non concludersi.

Con un summit tenuto a Praga il primo settembre, quindici membri dell'Unione, sette paesi vecchi (Austria, Grecia, Svezia, Danimarca, Portogallo, Irlanda e Finlandia) e otto paesi nuovi (Polonia, Ungheria, Repubblica ceca, Slovenia, Slovacchia e le tre repubbliche baltiche) organizzano una posizione comune; tra i molti punti che dividono questo gruppo, ve ne è uno che lo unisce: la contrarietà al superamento della rotazione semestrale e dunque al superpresidente. A est, soprattutto, i nuovi arrivati difendono con orgoglio una sovranità ritrovata dopo mezzo secolo vissuto sotto il dominio sovietico e non intendono cederla per alcuna ragione.

Intenzionate a dare battaglia sono la Gran Bretagna, che non ha digerito l'inserimento della Carta dei diritti e che vigila affinché non vengano toccate le prerogative nazionali in materia di politica estera e di difesa, di politiche sociali e fiscali; ancor più combattive Spagna e Polonia, che chiedono la citazione delle radici cristiane nel preambolo ma che, soprattutto, intendono tornare al compromesso di Nizza, dato che la nuova riponderazione dei voti del Consiglio le penalizza (da 29 a 27) e la regola della doppia maggioranza ne indebolisce il potere negoziale.

L'avvio della conferenza intergovernativa avviene il 4 ottobre a Roma tra imponenti misure di sicurezza e la consueta attenzione alla scenografia. Oltre novemila agenti presidiano la riunione alla quale sono attesi, oltre che i capi di governo, anche settantamila new global che manifestano per un'Europa diversa, chiaramente schierata contro la guerra: alcuni di questi si rendono protagonisti di violenze, altri riescono a scaricare davanti a Palazzo Grazioli, residenza romana del Cavaliere, alcuni bidoncini di letame preceduti dallo striscione «Sfrattiamo Berlusconi dall'Europa». Ma questa volta, per fortuna, la contestazione non copre l'attenzione verso i contenuti del vertice.

Il premier è assai cauto, consapevole del clima difficile che accompagna gli ultimi novanta giorni del semestre: nel brevissimo discorso di apertura del vertice è stato indeciso fino all'ultimo se lasciare o meno il riferimento alla conclusione del negoziato entro dicembre; il suo staff ha ripassato decine di volte i tempi di arrivo delle singole delegazioni alla sede della conferenza per valorizzare al massimo l'incontro fra i grandi a fini mediatici, ma ancora una volta Berlusconi in persona ha voluto effettuare due sopralluoghi, ha dato disposizioni su arredi e colori, ha fatto rimuovere alcune grandi pubblicità murali che gli sembravano inadeguate (fra queste, l'ultimo *Terminator*).

Nonostante la grande attenzione per evitare di ripetere gaffe, la stampa nota la freddezza con la quale è accolto il presidente della Commissione al suo arrivo al Palazzo dei Congressi. Gli sgarbi continueranno all'interno della sala, con l'ordine dei posti cambiato, con l'intervento di Prodi spostato in fondo alla scaletta, con un serrato negoziato sulla gestione della conferenza stampa finale.

Frattini ce l'ha messa davvero tutta: ha parlato con tutte le delegazioni, ha miscelato bastone e carota, l'attenzione a ogni singola esigenza nazionale e il costante richiamo a non dissipare il frutto di oltre duemila ore di dibattito della Convenzione. Anche il presidente Ciampi ha scritto al presidente tedesco e ha invitato per la sera i capi di Stato e di governo alla tenuta di Castelporziano: «Un'operazione che non può fallire», questo il secco e pregnante messaggio rivolto agli invitati dal padrone di casa.

Il risultato della sessione di apertura della conferenza è, alla fine, totalmente deludente: il dibattito dimostra che i governi non hanno mutato la propria posizione sulle questioni fondamentali e che, anzi, fra Germania e Francia da un lato e Spagna e Polonia dall'altro lo scontro potrebbe essere di grande durezza.

Il calendario, per di più, si preannuncia avaro e tiranno: la presidenza italiana può contare a questo punto su poco più di due mesi di lavoro. A questo fine, la Farnesina ha inviato ai singoli paesi, nelle settimane precedenti, dei questionari per ottenere dei pronunciamenti netti su alcuni nodi controversi. Il metodo è stato apprezzato e criticato al tempo stesso: da un lato, infatti, esso permette di lavorare con una maggiore concretezza su posizioni definite; dall'altro, però, tende a irrigidire e cristallizzare gli orientamenti su ipotesi che è poi più arduo rimettere in discussione.

Il vertice di Napoli segna per la presidenza italiana l'inizio della divaricazione fra le parole e i fatti, fra la percezione della realtà e la realtà medesima, fra la comunicazione al grande pubblico e lo stato d'animo reale dei negoziatori.

Frattini parla di «grandi passi in avanti», annuncia «risultati oltre le previsioni», ma nello stesso momento il ministro tedesco Fischer lascia i lavori definendosi «più preoccupato di prima, poiché il quadro generale dimostra che manca ormai l'entusiasmo europeista».

Il ministro italiano rivendica giustamente l'accordo trovato sul tema delicato della difesa comune. Si tratta di una questione che ha lacerato per mesi i rapporti fra gli europei: da un lato gli inglesi, preoccupati di non perdere mai il contatto con l'alleato americano e di non indebolire la NATO; dall'altro francesi e tedeschi, intenzionati a dare nuovo smalto alle responsabilità europee nel campo della difesa anche oltre la NATO e gli americani; nel mezzo paesi di tradizione neutrale come l'Austria, paesi in genere poco interessati a una proiezione militare dell'Europa come quelli scandinavi, paesi con un grande debito psicologico di riconoscenza verso gli Stati Uniti come i nuovi membri dell'Est europeo.

A Napoli si decide la possibilità che la difesa comune sia oggetto di "cooperazione strutturata" fra i paesi membri che intendano liberamente aderire per integrarsi fra loro più strettamente; che la responsabilità decisionale spetti al Consiglio europeo; che la struttura logistica si affianchi e si integri con il comando NATO di Bruxelles; che l'Unione si doti però di una cellula di pianificazione autonoma per le operazioni che vengono compiute al di fuori della responsabilità NATO; che venga superata la clausola automatica di solidarietà militare verso singoli membri dell'Unione aggrediti. È una buona decisione, tenuto conto che il dibattito istituzionale sulla difesa europea (al di là dell'episodio della Comunità Europea di Difesa nei primi anni Cinquanta) è cosa recente come recenti sono le laceranti polemiche sulla partecipazione europea alla guerra in Iraq. Peccato (per noi) che l'accordo raggiunto nasca da un'intesa a tre fra Francia, Germania e Gran Bretagna discussa e negoziata prima, senza che la presidenza italiana abbia giocato alcun ruolo decisivo. Come sappiamo, non è la prima volta in questo semestre.

A Napoli, si avvicinano le posizioni dei paesi membri sul tema della composizione della Commissione, anche perché l'Italia propone di fatto un rinvio della proposta della Convenzione di cinque-dieci anni, quando anche i nuovi membri si sentiranno pienamente integrati in Europa.

Restano invece contrapposte le opinioni sui rapporti di voto. Il cancelliere Schroeder commenta seccamente: «Spagna e Polonia insieme hanno ottanta milioni di cittadini e 54 voti, la Germania ha ottanta milioni di cittadini e 29 voti». Come dire: perché insistono ancora? Replica il ministro degli Esteri spagnolo Palacio: «Il trattato di Nizza resta valido. Vediamo come funziona: se non funziona, lo cambieremo».

L'Italia è indecisa: rinviare la decisione al 2009 significherebbe rassegnarsi a un compromesso al ribasso, forzare la rigidità polacco-spagnola comporterebbe rischi imprevedibili. Il ministro inglese propone lo slittamento della decisione: in fondo un'Europa che non decide è in linea con la visione che se ne ha da Oltremanica.

In realtà, com'è ovvio, su Napoli arriva l'onda lunga delle decisioni del vertice Ecofin: anche se la materia è diversa, si è compreso che irrigidire le posizioni, trattare sulla base dell'interesse nazionale, sembra una strategia pagante.

Nei giorni successivi, Frattini invia ai suoi partner europei alcuni segnali. Di nuovo, bastone e carota. Al «Giornale» il ministro esalta la capacità del governo di «ridimensionare l'asse franco-tedesco a vantaggio della logica dei Padri fondatori». Tramite il «Corriere della Sera», invece, il titolare della Farnesina avverte che «non riuscire ad avere una Costituzione europea costerebbe troppo a tutti, anche a Polonia e Spagna, che invito dunque a fare uno sforzo».

Man mano che il vertice di Bruxelles si avvicina, il clima si incupisce. Durante il suo ultimo intervento alle Camere, Frattini evoca esplicitamente uno scenario pessimista dichiarando che è meglio non avere un accordo che chiudere un compromesso al ribasso. I colloqui bilaterali degli ultimi giorni non lasciano presagire niente di buono: qua e là, sulla stampa internazionale, è rifiorito il dibattito sull'Europa a due velocità, sulla iniziativa necessaria che i fondatori dovranno assumere dopo l'eventuale fallimento della conferenza di Bruxelles. Qualcuno inizia già a levare l'aggettivo "eventuale".

Al vertice del 12 e 13 dicembre, al palazzo Justus Lipsius di Bruxelles, Berlusconi arriva con una formidabile squadra di negoziatori, integrata dall'ambasciatore Antonio Puri Purini, consigliere diplomatico di Ciampi, e con molto ottimismo. Ricorda l'uomo che durante le convention di Publitalia diceva ai suoi venditori: «Ricordatevi sempre che avete il sole in tasca». Lui, in tasca, dice di avere il miracolo pronto. Testuale: «Ho in tasca una formula che credo darà a Polonia e Spagna il riconoscimento di grande paese: la tirerò fuori all'ultimo minuto».

L'esordio in plenaria è, in realtà, quello di sempre, una barzelletta per allentare gli animi e le tensioni. Sceglie quella dell'elicottero: «Berlusconi sorvola una grande manifestazione e butta una banconota sulla folla così da fare contento qualcuno. La moglie gli suggerisce a più riprese di gettare monete di taglio sempre più piccolo così da soddisfare più persone, finché il pilota si volta e gli suggerisce di buttarsi personalmente dall'elicottero così da fare contenti tutti». Risate in sala. Non ride Leszek Miller, primo ministro polacco, seduto in una carrozzella con due vertebre rotte e una valigetta al fianco di antidolorifici proprio a causa di un recente e brutto incidente in elicottero.

In realtà, come sussurrano i diplomatici, alla vigilia delle decisioni difficili le dichiarazioni di buona volontà sono inversamente proporzionali all'ottimismo dei protagonisti. La giornata trascorre senza novità. Spagnoli e polacchi non vogliono rinunciare al peso acquisito a Nizza, francesi e tedeschi non sono disponibili a finali equivoci.

L'Italia discute informalmente tre proposte di compromesso, pur non stendendole mai ufficialmente su carta: mantenere i voti ponderati di Nizza aumentando però il peso di Berlino; adottare la proposta della Convenzione sulla doppia maggioranza ma aumentare le soglie al 55 per cento degli Stati e al 65 per cento della popolazione; introdurre la seconda proposta menzionata a partire dal 2014. Nessuna delle tre passa, nonostante tutte le proposte siano accompagnate da "incentivi", quali il possibile aumento degli eurodeputati o un numero diverso dei commissari.

Mentre Berlusconi e Frattini ricevono una a una le delegazioni nel "confessionale", si consuma il cosiddetto "patto del sushi": in un ristorante giapponese a Bruxelles, Schroeder, Chirac e Verhofstadt, primo ministro belga, convengono che è meglio non insistere. Schroeder è ancora seccato per il pessimo incontro bilaterale avuto con il presidente polacco Kwasniewski: «Spero che la posizione della Polonia cambi, perché non si può voler entrare nell'Unione inaugurando il proprio ingresso con un veto». Il presidente francese nel frattempo fa chiamare discretamente l'aereo per la mattina dopo, segno evidente che non ci sarà alcuna maratona notturna né sabato né domenica. In fondo, se resta in vigore l'accordo di Nizza in attesa che la macchina europea riparta, a una o più velocità, ai francesi non dispiace.

La mattina seguente il copione non cambia. Berlusconi ripropone le ipotesi del giorno precedente senza alcun testo scritto di supporto; il presidente della Commissione suggerisce un'ulteriore clausola di flessibilità. Rischia di riaprirsi il mercato anche sui punti già oggetto di un solido accordo, come quando i finlandesi chiedono di ridiscutere il testo sugli aiuti alle regioni.

Alle tredici, Chirac, Schroeder e Blair entrano nella stanza di Berlusconi da dove escono un quarto d'ora dopo. Il vertice è fallito. Berlusconi informa Aznar con un colloquio di due minuti. Poi tutti a tavola.

Nel pomeriggio, le conferenze stampa in cui ciascuno tira il proprio bilancio. Berlusconi mette le mani avanti ricordando che nessuna conferenza è mai terminata sotto la presidenza che l'ha avviata. L'osservazione è vera, anche se è la prima volta che se ne fa cenno nel corso del semestre. Poi, come sempre, microfono alla mano, il Cavaliere diviene alluvionale:

> Abbiamo fatto tutto il possibile, abbiamo rifiutato un compromesso al ribasso, puntavamo a un accordo nobile ma abbiamo dovuto prendere atto che sul sistema di voto il disaccordo è stato totale, le posizioni troppo distanti. Ci sono stati dei risultati positivi, su ottantadue punti abbiamo

> raggiunto un accordo, un lavoro che rimarrà per il futuro. Anzi per l'Italia è stato un trionfo: portiamo a casa l'Agenzia Alimentare Europea a Parma [un budget annuo di 40 milioni di euro e 255 persone da assumere] e una lista di grandi opere da finanziare in cui ci sono tre italiane [la Torino-Lione, il tunnel del Brennero e l'autostrada del mare]. L'Italia esce con un grandissimo risultato.

A chi gli rimprovera un eccesso di ottimismo e la solita tendenza a risolvere tutto a pacche sulle spalle, il nostro replica infastidito:

> Se lei ritiene che non si possa intervenire in qualche momento di basso morale dell'équipe raccontando non barzellette, ma storie, aneddoti o parabole, trasformando in sorriso un atteggiamento negativo, lei non conosce il mestiere di condurre gli uomini. Ma io sono un leader di professione da moltissimi anni. Io ho un talento particolare per questo. Ho formato eserciti commerciali, sportivi, politici, che normalmente ho condotto alla vittoria. Ho sempre usato il bastone e la carota, il sorriso e il rimprovero e ho sempre ottenuto grandi successi.

Amen. Più misurato il vicepremier Fini: «Ho girato tutte le capitali, sono sedici mesi che lavoro sul testo. Abbiamo fatto tutto il possibile. È un peccato. L'Europa allargata parte zoppa». Poi la difesa di Berlusconi: «Non c'è stato nessuno che non gli abbia detto che è stato bravissimo. Gli inglesi lo hanno definito eroico». In chiave sportivo-nazional-popolare il ministro Buttiglione: «Abbiamo giocato bene, ma ci è mancato il gol».

Nella coalizione di governo, come era prevedibile, qualcuno in realtà festeggia il fallimento del vertice. Ecco Bossi:

> Il vertice è fallito per l'ingordigia dei giacobini che hanno allargato a Est, e proprio la Polonia è stata determinante per il fallimento. Il rischio del superstato è escluso per i prossimi vent'anni. Siamo riusciti a fermare l'impero comunista che stava ritornando.

Il Quirinale fa conoscere l'amarezza e la delusione del capo dello Stato che, nonostante una telefonata di preavviso del presidente tedesco Rau di due giorni prima, aveva continuato personalmente a spendersi per perorare la causa dell'unione politica europea e ricordare la speciale responsabilità dei paesi fondatori.

Nelle altre capitali, i toni sono diversi. Il polacco Miller scarica la responsabilità e richiama alla saggezza dei tempi lunghi: «Non date sempre la colpa a noi. Domani il sole sorge ancora. Niente finisce oggi». L'amico Aznar elogia la conduzione italiana ma rivendica di avere fatto la cosa giusta: «La responsabilità di non arrivare a un accordo è dei venticinque seduti al tavolo, così come quando si arriva a un accordo il merito è di tutti e venticinque». Chirac, con il cadavere ancora caldo del vertice, non ringrazia – come è costume – la presidenza italiana, critica privatamente il metodo dei colloqui bilaterali, rilancia un'Europa a più velocità evocando la responsabilità di un "gruppo di pionieri" che agisca come motore per ulteriori cooperazioni rafforzate, come è già successo per Schengen e per l'euro. Schroeder, nella stanza accanto, offre la sponda elogiando «il presidente francese, che si è comportato da vero europeo».

Le valutazioni sul vertice sono occasione per una diversa lettura della situazione da parte del premier e del presidente della Commissione europea, Romano Prodi. Utilizzando la metafora del bicchiere, il Cavaliere lo aveva definito mezzo pieno, «perché comunque abbiamo fatto tanti passi avanti». Dopo aver prestato rigorosa attenzione a non intromettersi nella valutazione finale offerta dalla presidenza di turno, Prodi commentava:

> Ora non è tempo di perdersi in sterili polemiche, ma non c'è dubbio che il bicchiere della nostra realtà oggi è vuoto. Dobbiamo riempirlo nei prossimi mesi con decisioni che servono ai cittadini. Il bicchiere delle nostre certezze è invece pienissimo. Certo è il giorno più nero, ma a noi non re-

> sta che ricominciare il cammino finché i capi di Stato e di governo non capiranno che la mancanza di Europa uccide prima di tutti loro. Il costo della non-Europa è tragico. C'è un ciclo costante. Siamo sempre andati sull'orlo della crisi e poi ci siamo ripresi. C'è poco da fare: quando si sbatte la testa contro il muro, si capisce come deve essere il cammino successivo.

Intervenendo a una conferenza stampa prima di Natale, all'indomani del fallimento del negoziato, il presidente della Convenzione Giscard ha affermato che era mancato «il soffio politico nonostante gli sforzi e i meriti della diplomazia italiana». Ma quando una giornalista aveva tratto la conclusione che fosse dunque esclusa qualsiasi responsabilità nel fallimento della presidenza italiana, era stata interrotta da Giscard che aveva precisato: «Ho citato la diplomazia italiana, non ho nominato la presidenza».

Nello stesso fine settimana in cui l'Europa sbatte la testa contro il muro, l'America di Bush cattura Saddam Hussein. Si ripropone simbolicamente il contrasto fra una potenza che persegue tenacemente i suoi obiettivi e una potenza impotente. Tanto più che una lettura sommaria della spaccatura europea può essere anche in qualche misura legata alla vicenda americana. Su un fronte, infatti, sono state la Spagna e la Polonia, due paesi alfieri del "partito americano" e firmatari della "lettera degli Otto" che divise il fronte europeo, a esercitare il veto su una riforma del meccanismo di voto che avrebbe potenziato il fattore demografico a scapito di quello tradizionale, diplomatico; sull'altro fronte, non a caso, sono stati Francia, Germania e Belgio, i paesi che guidarono il dissenso contro la scelta americana in Iraq, a rifiutare qualsiasi ipotesi di compromesso che rischiasse di declassare la capacità propulsiva europea; in mezzo sono rimasti la Gran Bretagna, che ha scelto un profilo diplomatico basso e non impegnato, e l'Italia, in cui è apparsa chiara la diversa sensibilità di Fini e Frattini i quali, attenti ai consigli del Quirinale, hanno cercato di difendere la sostanza della proposta della Convenzione, e di Berlusconi che, con il passare delle ore, cercava di persuadere francesi e tedeschi ad accettare ipotesi di compromesso che gli permettessero di chiudere il negoziato, salvaguardando l'amicizia con gli spagnoli («Se fossi Aznar, in fondo, mi comporterei proprio come lui»).

La drammatica impasse di Bruxelles offre l'occasione per due considerazioni ulteriori sul quando e sul come del futuro europeo.

Per quanto riguarda il quando, a marzo 2004 si vota in Spagna, dove Aznar abbandona la scena politica; ad aprile si vota in Grecia e a giugno si vota per il Parlamento europeo: il calendario è troppo fitto e la presidenza irlandese, con l'anomalo primo ministro Bertie Ahern, il cui partito è iscritto a Strasburgo nel gruppone in cui militano varie destre europee, non offre per molti sufficienti garanzie; seguono la presidenza olandese, esperta in negoziati diplomatici (si ricordino i trattati di Maastricht e Amsterdam) e, a partire dal 2005, quella del Lussemburgo. Nel frattempo, però, entreranno a maggio i nuovi dieci membri, cosicché le istituzioni dell'Unione non riformate rischiano concretamente l'implosione.

Ed eccoci al come. Nel messaggio di fine 2003 e nei giorni successivi, il presidente Ciampi ha esortato a riprendere in mano con vigore la fiaccola delle riforme europee. Sullo sfondo di questi richiami sta un tema che ha cominciato a dividere già poche ore dopo la conclusione del vertice di Bruxelles, ovvero una possibile iniziativa dei paesi fondatori che preluderebbe a un'integrazione a diverse velocità. Il tema ha caratterizzato fin da subito la discussione all'Europarlamento che si è tenuta la settimana successiva alla conferenza di Bruxelles. «Non ci può essere un'Europa di serie A e una di serie B. Sarebbe sbagliato perché così raffredderemmo passione e impegno nei dieci paesi che si apprestano a entrare nell'Unione», ha affermato il premier italiano; «ma non si può mandare tutta l'Europa in serie B», gli ha risposto il presidente della Commissione che in una intervista, il 2 gennaio 2004, ha criticato severamente la conduzione italiana:

> A Bruxelles, il dialogo bilaterale tra governi non ha mai lasciato spazio a una discussione collettiva. Non c'è stata neppure la possibilità di contarsi, di obbligare chi non voleva la Costituzione a scoprirsi esercitando il diritto di veto. In passato, il contributo italiano alla costruzione europea è sempre stato decisivo, soprattutto perché consentiva di superare il piano intergovernativo per abbracciare un'idea di Europa federale. Nel 2003 questo non è accaduto, nonostante il serio impegno dei funzionari italiani per raggiungere alcuni risultati concreti.
> È chiaro che se la situazione non si sblocca entro il 2004, qualcuno potrà (e forse dovrà) prendere l'iniziativa di andare avanti. Potrebbero essere i paesi fondatori. Oppure, ed è anche più probabile e più auspicabile, un gruppo eterogeneo di Stati membri, vecchi e nuovi, che però condividono lo stesso ideale europeo. Il treno dell'Unione non può procedere sempre alla velocità del vagone più lento. Anche perché ho la sensazione che qualche "vagone" non si voglia proprio muovere, o cerchi addirittura di tornare indietro.

In quale Europa intende Silvio Berlusconi far giocare il nostro paese?

Un'ultima postilla, sotto traccia, giunge dal presidente irlandese Bertie Ahern che ha ereditato il testimone dal primo gennaio. Nel vertice del 12 e 13 dicembre, Silvio Berlusconi ha sempre suggerito negli incontri bilaterali formule compromissorie informali, ma dopo aver rilevato l'impossibilità di chiudere un'intesa generale ha anche rinunciato a rimettere in un testo finale l'insieme dei punti su cui riteneva di aver raggiunto un consenso.

Così – denunciano gli irlandesi – la nuova presidenza deve ricostruire da capo i testi per poter precisare su cosa sia stata o non sia stata raggiunta l'intesa.

Se fosse vero, bello scherzetto!

Parlando con i suoi collaboratori, Berlusconi pensa all'occasione perduta. A Roma non si firmerà proprio niente, la campagna elettorale sarà completamente diversa: «Per occuparmi tanto di Europa, ho perso consenso in Italia. Se la conferenza intergovernativa non ci fosse caduta addosso, avremmo avuto il semestre più glorioso degli ultimi anni. Ma, nonostante tutto, dobbiamo dire che è stato un trionfo». Mentre i giornalisti tornano a casa con il pacco dono "Dolce Italia" che comprende panettone, torrone e liquorino, alcuni diplomatici stranieri commentano caustici: «Berlusconi ha proprio ragione. È stato un trionfale fallimento».

10. L'avversario Romano

«Nessuna accusa strumentale metterà in secondo piano la nostra grande responsabilità alla guida dell'Unione. Avremo l'onore e gli oneri della presidenza e tutti gli altri attori istituzionali dovranno collaborare, anche se non lo vogliono». Così Franco Frattini da Brno il 12 maggio 2003, al termine di un colloquio bilaterale con il governo ceco.

Che Silvio Berlusconi non ami Romano Prodi è fatto noto, perfino comprensibile e probabilmente ricambiato. Il Professore è l'unico leader politico che lo ha battuto nella battaglia reale delle urne ma è anche quello che lo ha seccamente sconfitto nella battaglia virtuale del contraddittorio televisivo che la precedette. Prodi gode di una grande stima nell'establishment economico e politico internazionale mentre il Cavaliere si sente permanentemente sotto osservazione; tanto il primo è misurato nelle parole, moderato nei toni, informato dei contenuti, quanto l'altro è straripante in tutti i sensi, perfino nel calore con cui sa avvolgere gli amici.

Così, il fortunato allineamento politico che vedeva i due più importanti vertici comunitari del semestre condividere la medesima nazionalità si è trasformato purtroppo in una via crucis di omissioni e sgarbi verso il presidente della Commissione che si è aggiunta ai già rilevanti motivi di dissenso politico fra i due. A conferma che non è vero che in politica tutti i gatti sono bigi e che l'Europa è la stessa per tutti. Provare per credere.

Le sciabolate del Cavaliere cominciano in realtà prima del semestre, quando Berlusconi ricostruisce ad arte la vicenda SME nelle cosiddette dichiarazioni spontanee al processo di Milano. L'avvertimento è chiaro: dimostrare un coinvolgimento collettivo in cui o tutti sono innocenti o tutti sono colpevoli.

La maggioranza del premier ha nel frattempo armato l'artiglieria pesante tramite la commissione Telekom Serbia, che per tutta l'estate sparerà a ripetizione usando le colonne del «Giornale», di proprietà di Paolo Berlusconi, salvo subire un colossale effetto boomerang al momento in cui viene dimostrato il fragile castello di menzogne orchestrato dal testimone Igor Marini. A fine anno, però, «Il Giornale» avrà dedicato al tema ben 72 titoli di prima pagina, una sorta di vera e ossessiva campagna demolitoria.

Nel lungo discorso che il premier tiene alle Camere per illustrare il programma del semestre, le sinergie possibili sono così assenti che Romano Prodi non viene mai nemmeno citato mentre, nell'intervento a Strasburgo di pochi giorni dopo, Berlusconi concede per il semestre alla Commissione esclusivamente compiti di continuità amministrativa e organizzativa.

I due si incontrano in via ufficiale, per la prima volta, il 4 luglio. Berlusconi è fresco fresco dell'eurogaffe sul kapò Schultz e cerca di recuperare in cordialità rispetto a un Prodi molto istituzionale, ma le differenze si manifestano inevitabilmente sui contenuti: il primo preannuncia l'obiettivo di tenere il testo della Convenzione per quello che è, il secondo spera di poterlo migliorare con un disegno che richiede coraggio e ambizione; Berlusconi evoca la necessità di una nuova politica economica europea, Prodi chiede intanto di rilanciare ciò che è già disponibile, ovvero la strategia adottata a Lisbona; il premier impugna il piano per le infrastrutture transeuropee che Tremonti si è precocemente intestato, il presidente sottolinea che «la Commissione ha notato con compiacimento il forte sostegno che il governo italiano ha espresso recentemente nei confronti di questa nostra strategia»; Berlusconi impegna l'Europa a ritirare le sanzioni contro la Libia a seguito dell'accordo raggiunto dall'Italia, Prodi frena e ricorda che un paese non può vincolare nei rapporti a due l'Unione.

Passano circa dieci giorni. Intrattenendosi a Bruxelles con i giornalisti del «Financial Times» e della «Süddeutsche Zeitung», il Cavaliere propone che la Commissione sia sostituita da un governo formato da un ministro membro per ogni paese con uno specifico settore di competenza e assicura di aver parlato personalmente con Prodi che ha trovato «la cosa meravigliosa». Inutile dire che a stretto giro giunge la replica: «Il presidente della Commissione non è affatto entusiasta per la proposta avanzata dal premier italiano».

A causa dello stillicidio di azioni terroristiche in Iraq che domina l'agenda estiva, agosto passa indenne, anche se la proposta di lista unitaria dell'Ulivo lanciata dal Professore il 18 luglio in un'intervista sul «Corriere della Sera» ha iniziato a produrre qualche fibrillazione non solo nel centrosinistra ma anche nella coalizione del premier. Per la cronaca mondana, c'è solo da ricordare che il Cavaliere diserta la prima della *Carmen* all'Arena di Verona lasciando la scena a Prodi e Schroeder pur di evitare gli annunciati fischi dei girotondini. Incontrerà il cancelliere il giorno dopo, sempre a Verona, ma senza il Professore.

Una lunga intervista concessa durante le vacanze al periodico britannico «The Spectator» diventa una miniera di polemiche che caratterizza l'apertura della stagione politica: Berlusconi rilegge il fascismo in Italia, una dittatura che non ha mai ammazzato nessuno e che al massimo ha mandato qualcuno al confino, cioè in vacanza. Diluviano le repliche: tra queste, il presidente della Commissione risponde con un voluto paradosso: «Mi pongo il problema di cosa succederà quando Berlusconi legittimerà Stalin e lo stalinismo». Fassino visita la tomba di Matteotti mentre Cossiga consiglia «un gesto di toccante umanità verso un grande personaggio politico del XX secolo, Adolf Hitler», ma perfino Fedele Confalonieri sbotta: «Il signor Berlusconi lo conosciamo, le battute le fa, ma se stesse un po' zitto sarebbe meglio».

Alla conferenza di Roma, del 4 ottobre, il gioco inizia a farsi pesante. Berlusconi, sotto gli occhi delle telecamere, accoglie con palese freddezza il presidente della Commissione, capovolge il protocollo cambiando il tradizionale posto al tavolo a lui riservato e *dulcis in fundo* si dimentica di dargli la parola. Protestano le delegazioni francese e tedesca; Frattini escogita il rimedio: intendevamo farlo parlare per ultimo per valorizzarlo. Prodi incalza la presidenza italiana sul negoziato: «Questa è una Costituzione rigida e una Costituzione rigida è una Costituzione fragile che alla prima crisi è morta». Per concludere degnamente, Berlusconi tenta di riservare a sé la conferenza stampa finale, cambiando ancora una volta il cerimoniale abituale, ma quando è costretto a reinserire Prodi in programma decide di includere anche il presidente dell'Europarlamento Pat Cox per diluirne il peso. Come si comprende, tutti questi segni non arrivano al grande pubblico ma costituiscono una batteria di punzecchiature politiche.

Nella conferenza successiva del 16 ottobre, il duello verbale si sposta sulla paternità del piano per le infrastrutture. Dopo una valutazione di inedita sintonia sulle prospettive del negoziato costituzionale, così Ugo Magri sulla «Stampa» racconta il seguito dell'incontro:

> Silvio ha parlato di vasto accordo sull'iniziativa della presidenza italiana, Romano ha fatto notare lo stanziamento della Commissione per l'avvio immediato di alcuni progetti, il premier ha ripreso la parola per precisare che i miliardi investiti nelle infrastrutture non sono cinque (come aveva detto Prodi) ma cinquanta, l'altro ha replicato che 50 miliardi sono pochi, 220 è l'obiettivo finale, ma intanto ne vengono messi subito 5 in cantiere. Gelido è intervenuto Giulio Tremonti per sostenere, papale papale, che l'idea di puntare sulle grandi opere è del governo italiano e che «ringraziamo la Commissione per il supporto che ci ha dato». Due minuti di tregua e Berlusconi ha rincarato la dose. A una domanda sui richiami da parte della Banca Centrale Europea sull'enorme debito pubblico italiano, il premier ha risposto riversando tutta la colpa sui governi del centrosinistra. «Purtroppo è l'eredità di un allegro modo di governare del passato però adesso è tutto cambiato», ha sostenuto mentre Prodi stringeva la mascella.

A proposito del dopo partita, racconta così Alberto Gentili del «Messaggero»:

> Appena si spengono le telecamere, Tremonti avvicina Prodi [...] e gli sussurra all'orecchio in lombardo: «*Giò i man dal plan*». Poi in italiano: «Giù le mani dal piano». Prodi alza gli occhi al cielo, prova a sorridere per sdrammatizzare. Ma Tremonti, rivolto ai giornalisti: «Il piano d'azione lo abbiamo inventato noi, loro al massimo ci aiutano». E se ne va.

Passano solo ventiquattr'ore e va in scena un'altra puntata delle provocazioni berlusconiane cui Prodi risponde con la minima misura indispensabile. Oltre alla replica della disputa sul piano delle infrastrutture, che Berlusconi chiama "piano Tremonti" e Prodi "piano Van Miert", Berlusconi è alluvionale: racconta barzellette, scherza con Solana, l'alto commissario per la politica estera, confrontando le proprie relative stature, fa un lungo numero su Marx in televisione cui, dice, avrebbe concesso tutto lo spazio possibile nelle proprie TV se ne avesse ancora il controllo. Prodi attende paziente che lo show finisca, poi commenta nel corridoio: «Più che Marx qui ci vorrebbe Freud. Dice che concederebbe spazio, ma che non controlla più la televisione...». L'unico vero punto politico del vertice è che Berlusconi non trova una copertura europea alla propria riforma delle pensioni. Ovviamente, dicono alcuni, Prodi non sembra particolarmente dispiaciuto.

Torniamo per un attimo al pacchetto per le infrastrutture, poiché non vi sarà spazio per esaminarlo di nuovo: il piano, che avrà il via libero definitivo ai primi di dicembre dopo che viene raggiunto un accordo complicato fra Francia, Olanda e Belgio per l'asse fluviale Senna-Schelda, contiene 30 progetti giudicati prioritari per la creazione di reti di trasporto transeuropee. Elaborato dalla Commissione, vagliato dall'Ecofin e adottato dal Consiglio Europeo guidato dall'Italia, la lista richiede 220 miliardi di euro entro il 2020, mentre gli investimenti a medio termine (entro il 2006) sono stimati intorno agli 80 miliardi. Ne discende un investimento annuo realistico di circa 10 miliardi di euro da coprire per il 20 per cento tramite risorse dirette dell'Unione e della BEI, per il 40 per cento tramite garanzie offerte dalle stesse istituzioni, per il restante 40 per cento tramite privati. Il piano, da ultimo, comprende opere ferroviarie ad alta velocità, infrastrutture stradali (i cosiddetti corridoi), il piano satellitare Galileo, le autostrade del mare: tra le opere individuate, vi è una *quick list* che contiene i progetti la cui realizzazione può partire subito, che include sia il tunnel del Moncenisio sulla Torino-Lione che il tunnel del Brennero sul corridoio Berlino-Palermo.

Passa una settimana e i due presidenti si ritrovano assieme nel vertice di Pechino con la Cina. La visita va molto bene, Berlusconi mostra piena sintonia con la Commissione su temi delicati quali i diritti umani e la questione dei dazi. L'unico incidente del cerimoniale avviene quando Prodi non risulta invitato al concerto di gala organizzato dalla Fenice di Venezia, mentre lo è Berlusconi, che declina però ogni responsabilità.

Allo stesso modo, anche Prodi prova a declinare la propria responsabilità quando il 3 novembre scoppia la polemica contro la Commissione per l'indagine dell'Eurobarometro sulla percezione dei cittadini europei su cosa rappresenti una minaccia per la pace nel mondo. L'indagine, eseguita in automatico assieme a molte altre rilevazioni, colloca ai primi posti Israele, non avendo però ben chiarito la domanda se la minaccia alla pace alluda a Israele come sinonimo dell'ebraismo, al governo attuale di Israele o se più semplicemente l'espressione Israele sintetizzi malamente il conflitto israelo-palestinese. Berlusconi apprende con «sorpresa e indignazione» l'esito dell'indagine e manifesta la propria solidarietà a Sharon. Prodi ammette che la domanda sia stata formulata in modo equivoco e si impegna ad accertare le responsabilità interne, ma aggiunge: «Sarebbe come dare a Berlusconi la responsabilità se l'ISTAT desse dati cattivi sull'opinione degli italiani sui turchi».

Abbiamo già parlato del commento parallelo all'incontro con il presidente russo; ecco il giudizio di Prodi sulle valutazioni di Berlusconi rispetto all'ostilità dei media italiani: «Mi auguro che il presidente sia informato sulla situazione russa meglio di quanto lo è su quella italiana»; ed ecco il freddo comunicato sulla situazione cecena: «La posizione della Commissione e quella espressa dai paesi membri non è quella manifestata nella conferenza stampa. Definirei le opinioni di Berlusconi dei commenti personali».

La settimana successiva, al Parlamento europeo, si consuma una nuova tappa dello scontro politico fra il premier e il presidente della Commissione. Il primo ha cercato, tramite il PPE, di censurare politicamente Prodi per avere pubblicato il proprio manifesto "Europa: il sogno, le scelte" contravvenendo – si dice – ai propri obblighi istituzionali; contro il secondo si è invece coalizzato un fronte trasversale che contesta le parole azzardate della presidenza italiana sulla vicenda cecena. Finisce con un duro dibattito sul manifesto politico del Professore, che ha buon gioco a ribadire di aver formalizzato le cose da sempre pensate e dette negli ultimi quattro anni, e con la mozione di censura nei confronti del premier italiano, che non evita le critiche anche di ampia parte del centrodestra, diffidente verso il regime di Vladimir Putin. Ovviamente, l'episodio non rafforza l'autorevolezza della presidenza italiana a poche settimane dal negoziato finale.

Alla vigilia del Consiglio Europeo di dicembre, il Pentagono annuncia di aver escluso dai contratti in Iraq le imprese dei paesi contrari all'intervento militare. Per la Commissione, si tratta di «un ingiustificato errore politico», per Berlusconi si tratta di «una decisione logica».

Le due Europe di Prodi e Berlusconi – come le chiama Andrea Bonanni su «la Repubblica» – hanno modo di manifestarsi in due diverse circostanze nell'ultimo mese del semestre.

Alle assemblee organizzate da DS, Margherita e SDI (Socialisti Democratici Italiani) nelle quali viene varato contemporaneamente il progetto di lista unitaria per le elezioni del giugno 2003, viene distribuito il volumetto blu del presidente della Commissione. La riflessione di Prodi – che proviamo a sintetizzare – muove dalla consapevolezza dello straordinario percorso fin qui compiuto nel processo di integrazione e dalla necessità di corrispondere alle aspettative di un mondo in rapido e disordinato cambiamento che chiede al nostro continente di assumere nuove missioni e di conseguenza nuovi strumenti e nuove regole. Si tratta dunque di osare per avere "più Europa", per avere un nuovo "giocatore globale" sulla scena del mondo, per convincere gli Stati nazionali a costruire una sovranità superiore, più efficace e adeguata dimensionalmente ai problemi che pone l'agenda politica: più economia comune, più ricerca comune, più politica estera comune, più democrazia nell'architettura europea.

Incontrando a Bruxelles le organizzazioni imprenditoriali, Silvio Berlusconi spiega la sua Europa, riproponendo su scala continentale il messaggio con il quale molte destre europee hanno vinto le proprie elezioni nazionali: l'Europa è necessaria e il processo di integrazione ha superato la soglia di non ritorno, ma ora è il tempo di alleggerirne il peso, di sganciare le forze economiche e sociali dai lacci e laccioli della euroburocrazia, di vivere la dimensione comunitaria essenzialmente come campo della libera iniziativa individuale. L'Europa, semmai, serve per difendersi più efficacemente dai flussi di immigrazione clandestina e per assumere quelle responsabilità impopolari che i governi nazionali svolgono con maggiore fatica, come ad esempio riformare, ridimensionandolo, il peso del welfare. L'Europa viene dunque rimproverata, al tempo stesso, di essere lontana e burocratica ma inconsciamente si desidera che resti tale per poter svolgere con determinazione il ruolo del poliziotto cattivo.

Come ormai tutti hanno capito, il Berlusconi che parla a braccio, cercando di sedurre l'interlocutore, non è l'anomalia rispetto al Berlusconi che legge i discorsi, anche se la replica rituale dopo che una esternazione viene criticata richiama sempre l'equivoco, il fraintendimento, la manipolazione strumentale delle parole. In realtà, il Berlusconi che improvvisa è quello che parla col cuore e dice ciò che realmente pensa; e infatti, nei momenti di maggiore stizza, dal rimprovero agli interlocutori per essere stato frainteso, si passa rapidamente alla rivendicazione orgogliosa della propria sintonia con ciò che la gente pensa davvero.

Il fallimento del negoziato sulla Costituzione è stato già esaminato. È evidente che non possono essere dimostrate responsabilità univoche e nemmeno che una presidenza più forte sarebbe stata in grado di chiudere un'intesa soddisfacente, ma è sicuro che in molti hanno rimproverato a Berlusconi un atteggiamento ondivago, incerto fra un contenuto europeista da tutelare e le proprie amicizie politiche da conservare. L'Europa ha bisogno di un serio esame di coscienza per comprendere cosa vuole diventare e come lo vuole diventare. Durante il negoziato finale, il ruolo della Commissione è stato, come si conviene, più defilato. Non è un caso che si parli di formato "intergovernativo": la Commissione e, in misura diversa, il presidente del Parlamento europeo coadiuvano, suggeriscono ma non intervengono direttamente nella trattativa.

La seconda circostanza in cui si è nuovamente manifestata la diversità di vedute fra Berlusconi e Prodi è stata nella discussione sul bilancio del semestre davanti all'emiciclo di Strasburgo. È stata la diversità fra chi dipinge un quadro rassicurante – in fondo si è trattato di un trionfo – che ha solo bisogno di tempo, e chi ritiene che il tempo scarseggi e che dunque sia necessario da parte di chi ci crede assumere oggi una iniziativa. Si è trattato di un'occasione ufficiale, ma meno formale del solito, senza tempi contati, per confrontare le diverse letture che due protagonisti della scena europea hanno dato dei medesimi fatti.

Confrontiamo questi passaggi chiave. Berlusconi:

> Come sappiamo, il comune auspicio per una conclusione del negoziato nei sessanta giorni a disposizione non ha potuto realizzarsi. Di questa realtà si deve prendere atto con pacatezza, senza drammatizzazioni e recriminazioni reci-

proche [...]. Grazie a un lavoro imponente, paziente e scrupoloso siamo riusciti a risolvere quasi tutte le questioni [...]. Avevamo recensito oltre ottanta punti potenzialmente controversi: per ciascuno di essi sono state trovate soluzioni di mediazione adeguate [...]. Nei prossimi mesi, ciascuno degli Stati membri dovrà offrire il proprio contributo al processo di integrazione, perché l'impresa europea deve restare unitaria e inclusiva senza scorciatoie e fratture.

Prodi:

Come ogni base di partenza, il progetto della Convenzione doveva servire per fare un passo avanti. Invece alcuni Stati membri l'hanno usato per fare un passo indietro. Ecco perché, onorevoli colleghi, oggi di fronte a voi esprimo la mia tristezza e la mia delusione. Mi auguro che i prossimi Consigli tornino a occuparsi della nostra Costituzione con un calendario realistico ma anche con una visione d'insieme che forse abbiamo perduto. Dobbiamo dar tutti prova di coraggio e di immaginazione, che sono qualità necessarie nelle grandi decisioni politiche [...]. Qualcuno pensa a un'avanguardia di Stati pionieri che apra la strada a una cooperazione più salda che possa servire come punto di partenza per un'Unione più forte e più integrata. Soluzioni simili fanno parte della tradizione dell'integrazione europea. E tali soluzioni, se ben osserviamo la nostra storia, emergono soprattutto nei momenti più complessi e difficili. Oggi ci troviamo in uno di questi momenti drammatici. Questa riflessione quindi va iniziata con coraggio [...]. Vi chiedo di mettere la vostra intelligenza politica, la vostra visione e la vostra esperienza al servizio della prima Costituzione dell'Europa unita [...]. Se non entriamo in questo ordine di idee, finiremo inesorabilmente ai margini della storia.

Commenta Andrea Bonanni: «Ascoltando Prodi, capisci nel bene e nel male quello che pensa. Ascoltando Berlusconi, capisci che cosa vuole che pensino gli altri».

Il semestre è finito, almeno quello che poteva contare mediaticamente. Così, Berlusconi decide di disertare il vertice fra Unione e Canada dal 17 al 19 dicembre:

la Finanziaria e la Gasparri incombono ed è dunque tempo di dedicarsi agli affari di casa. C'è tempo per un ultimo scambio di stoccate. Avviene alla tradizionale conferenza stampa di fine anno, quando Berlusconi associa l'arrivo dell'euro al fenomeno del rincaro dei prezzi; Prodi replica a distanza: «È ora di finirla con questa storia. In Italia, molto semplicemente, non c'è stata sorveglianza». Come sempre, scende puntuale a difesa del capo il senatore Schifani, che chiude il serale commento al Tg1 parlando addirittura dell'«Euro di Prodi».

Come abbiamo già detto, il 2003 si apre con un'importante intervista del Professore in cui rimprovera alla presidenza italiana una conduzione politica poco motivata e rilancia la necessità di un'iniziativa. La reazione della destra è violenta: il più moderato è Follini: «Sono parole frutto solo di calcoli politici»; il più sarcastico è Tremonti: «La prima gallina che canta è quella che ha fatto l'uovo».

In realtà, il fallimento del semestre sgonfia il sogno berlusconiano di coronare la campagna elettorale assumendo il ruolo di padre costituente della nuova Europa.

11. Comunque vada sarà un successo

Fra gli aggettivi più ascoltati del vocabolario politico da quando il nostro paese ha imboccato la strada del bipolarismo c'è certamente l'anglicismo *bipartisan*. Con questa espressione si intende la capacità del sistema politico, anche quello bipolare appunto, di convergere su alcune posizioni rappresentative dell'interesse nazionale e di superare le distinzioni di parte.

Due sono le materie rispetto alle quali è più spesso invocato un atteggiamento bipartisan: la riforma delle regole costituzionali e la politica estera. Per le prime, la spiegazione consiste nel mix fra la necessità di una maggioranza qualificata per adottare la relativa deliberazione – che dunque impone il dialogo fra le parti – e l'opportunità che le regole della competizione politica e dell'equilibrio fra i poteri non facciano parte del patrimonio disponibile di chi governa *pro tempore*; per la seconda, si sostiene che l'affidabilità e la credibilità di un paese nelle relazioni internazionali necessitino di continuità per le scelte di fondo e di largo sostegno interno per le scelte innovative.

In Italia, per lunghi decenni, la politica internazionale non è stata bipartisan. Anzi, in un sistema politico rigidamente bipolare, ancorché disciplinato da una legge elettorale assolutamente proporzionale, la politica estera, la collocazione internazionale del paese sono stati uno degli elementi chiave per definire l'alternativa di sistema fra le due parti politiche in campo. Il fattore K, cioè la presenza del più forte partito comunista d'Occidente, rendeva la scelta europeista e l'alleanza atlantica opzioni controverse e contrastate alla pari di altre decisioni relative alla politica economica e a quella istituzionale.

La decisione di dar vita alla straordinaria scommessa dell'integrazione europea nasce tutta dentro il crogiuolo cristiano-democratico dell'Europa carolingia, che sa attingere al sogno federalista del manifesto di Ventotene e trasformarlo in processi politici graduali che hanno col tempo ormai varcato la soglia di non ritorno. All'origine della scommessa comunitaria c'è anche un impulso americano che ha tutto l'interesse a che l'Europa, o meglio una parte, quella che ha scelto l'Occidente, si abitui a decidere assieme sulle questioni potenzialmente capaci di dividere, riducendo così o annullando i rischi di una nuova destabilizzazione dell'ordine mondiale.

Anche l'atlantismo, sia nella versione militare-istituzionale del trattato NATO, sia in quella culturale-politica del rapporto di amicizia tra le due sponde dell'Atlantico, è in gran parte figlio del riconoscimento di una radice comune nella libertà e nella democrazia ma è anche rafforzato e trasformato in una rete di vincoli dal meccanismo polarizzatore della guerra fredda.

Solo la proiezione mediterranea, la capacità naturale di dialogare con le grandi culture religiose e civili del bacino in cui il nostro paese estende il suo territorio, rappresenta una specificità geopolitica che l'Italia porta in dote, come qualità e responsabilità speciale, alla famiglia occidentale di cui facciamo parte.

Abbiamo detto all'inizio del nostro lavoro che l'Italia ha sempre privilegiato l'approccio multilaterale a quello bilaterale. Le ragioni – basta pensarci un attimo – non sono poi così misteriose: il nostro paese è una media potenza, ha una grande dimensione demografica, un ottimo potenziale economico, una delicata collocazione geografica, una eccellente infrastruttura diplomatica, un più debole sistema-paese. Queste caratteristiche non ci permettono di fare da soli, e nemmeno di tentare, ma esaltano la nostra capacità nel lavoro collettivo: cerniera fra Nord e Sud, cerniera fra paesi grandi e piccoli in Europa, cerniera fra Ovest ed Est (almeno un tempo, dato che con l'allargamento il baricentro europeo si è mosso verso Est).

Gli orientamenti che abbiamo sommariamente descritto sono stati così assunti gradualmente come patrimonio nazionale nel corso dei decenni. A sinistra come a destra c'è stato bisogno di alcuni momenti altamente simbolici, diremmo quasi catartici, attraverso i quali ci si liberava di un'identità superata per riconoscere la validità delle scelte adottate dal paese fino a quel momento: basti pensare all'intervista di Berlinguer con la quale il segretario del PCI dichiarava che era più sicuro costruire il socialismo nella libertà, sotto l'ombrello protettivo della NATO, o alla dichiarazione del 1981, all'indomani della repressione in Polonia, sull'esaurimento della spinta propulsiva della rivoluzione d'Ottobre del 1917. Sarà la lunga marcia per diventare parte della famiglia del socialismo europeo e poi la caduta del Muro di Berlino a regalare all'Italia, negli anni Novanta, una sinistra democratica ed europea che si riconosce totalmente nei tratti fondamentali delle scelte internazionali compiute. La destra storica percorre un tragitto più zigzagante, ha un'identità culturale e relazioni internazionali assai più deboli per effetto delle quali soffre un evidente complesso di inferiorità, che la porta a ricercare simboli e riferimenti capaci di tutelare in parte la continuità fascista senza potersela però esplicitamente attribuire. Ne viene fuori un forte sentimento nazionale, un amore per l'Europa delle patrie e dei popoli, non per l'integrazione storicamente realizzatasi, un radicale anticomunismo che fa da pendant alla diffidenza per la cultura e l'economia americana, schiava del mercato e dannosa per la valorizzazione identitaria dell'individuo. La svolta, a destra, è recente e – secondo molti – sincera solamente per il suo leader: nei fatti, fino al 1993, la destra vota contro la ratifica del trattato di Maastricht e si confronta veramente con le proprie responsabilità internazionali solo alla fine degli anni Novanta.

Come si vede, dunque, sotto il profilo logico, la politica internazionale è stata in Italia una variabile spesso dipendente da quella interna; c'è da rallegrarsi che le scelte politiche compiute dagli italiani abbiano permesso una perfetta integrazione del nostro paese sul piano internazionale.

All'indomani dell'11 settembre, una delle espressioni più efficaci e più ricorrenti nei commenti politici fu sicuramente "niente sarà più come prima". Se prendiamo atto che l'attacco alle Torri Gemelle ha rappresentato in effetti un momento di cesura con il passato, nella percezione che gli americani avevano di sé e del resto del mondo, nelle responsabilità degli europei, nelle nuove modalità strumentali e territoriali del terrorismo, potrebbe concludersi che la continuità in politica estera non è di per sé un valore. Gianni De Michelis, autorevole consigliere politico del presidente del Consiglio, ha spesso sostenuto che la divisione stava orientandosi fra coloro che rimpiangevano lo status quo e quelli che intendevano profittare del rimescolamento globale di carte in corso.

Il cambiamento del contesto esterno, del mondo intorno a noi, coincide temporalmente con il cambiamento del contesto interno, del mondo interno a noi: Silvio Berlusconi rivendica sempre, in ogni passaggio, la sua estraneità al ceto politico tradizionale, la possibilità per lui, *homo novus*, di giocare una partita politica differente dal passato.

Come abbiamo detto, il fattore sul quale il premier insiste è la personalizzazione del rapporto internazionale come elemento specifico del più generale processo di personalizzazione della politica. In Italia questo fenomeno ha fatto un impressionante salto in avanti negli ultimi dieci anni con l'avvento della legge elettorale maggioritaria, l'elezione diretta dei vertici del governo locale e l'uso massiccio della televisione come ring di confronto fra protagonisti. Il big bang delle tradizionali ideologie di riferimento ha costituito poi un meccanismo moltiplicatore della forza delle singole personalità che, non a caso, hanno informato di sé perfino la denominazione dei partiti e, nell'uso comune, la denominazione delle coalizioni fra loro avversarie.

La personalizzazione è poi un'ottima chiave per superare le distonie presenti nella coalizione, per ricondurre a unità ciò che resta diverso e, talvolta, conflittuale. La scelta di Berlusconi di questo approccio si rivela fin dagli esordi quando occorre trovare un equilibrio fra ministro degli Esteri e premier, tra Farnesina e Palazzo Chigi: il Cavaliere ha in mente i modelli presidenziali nei quali, pur esistendo il ministro degli Esteri, la paternità delle scelte è chiaramente ricondotta alla figura principe dell'esecutivo. La conferma arriva dagli undici mesi di *interim* che seguono le dimissioni di Renato Ruggiero, incompatibile per metodo e per merito con questa impostazione, e dalla scelta di Franco Frattini, operata in completa autonomia da Palazzo Chigi e ricondotta entro il modello che vede nel titolare della Farnesina il puntuale esecutore delle scelte adottate altrove.

La personalizzazione offre anche alcuni vantaggi quando, ad esempio, è in grado di offrire quel *quid* in più di credibilità che non è garantito dal sistema-paese: racconta Pierluigi Castagnetti l'andamento di un Consiglio Europeo nella primavera del 1998, con l'Italia nel ruolo di candidata all'ingresso nell'euro, che aveva centrato quattro dei cinque parametri di Maastricht (si trattava di una performance comunque straordinaria, ma il quinto, quello del rapporto debito/PIL, era proprio impossibile):

> Ricordo che, con correttezza e lealtà, il presidente del Consiglio Prodi e il ministro del Tesoro Ciampi dissero ai partner: quello che era nelle nostre possibilità l'abbiamo fatto, l'obiettivo del debito era irraggiungibile, per quello ci occorrono diciannove anni, ma possiamo assicurare che ci impegniamo a raggiungerlo. Kohl li fissò negli occhi e disse: della parola di questi due signori mi fido. E tutti gli altri partner, a seguire, si sono fidati...

Nel caso di Berlusconi, come vedremo, il fattore persona gioca in modo del tutto diverso.

La politica estera personalizzata – come suggerisce Filippo Andreatta – ha invece tre limiti strutturali. Innanzitutto essa è effimera per definizione poiché, privilegiando i leader al sistema-paese che essi rappresentano, dipende dalla durata delle leadership. Nei paesi democratici soggetti a ricambio delle élite, essa vive un *turnover* potenziale più rapido dei sistemi autoritari; nei paesi a elevata instabilità politica o a ricambio frequente – come sta capitando all'Italia – il rischio di volatilità diviene ancora maggiore. In seconda battuta, la personalizzazione comporta la sovrapposizione inesorabile fra agenda politica e agenda personale e conduce a privilegiare i rapporti di amicizia politica ai legami strutturali e geopolitici del paese interessato. Questo limite può produrre effetti nocivi poiché da un lato sarà impossibile indebolire o cancellare temporaneamente, sulla base di una rivalità politica, quei rapporti economici o culturali che legano due paesi fortemente integrati fra loro che, però, non verranno seguiti come meriterebbero; dall'altro, specularmente, una forte amicizia politica non può far diventare simbiotici o complementari due paesi che hanno invece agende di relazioni politiche ed economiche oggettivamente in competizione o oggettivamente distanti. Al di là dei casi estremi, basti pensare alla "classifica" delle relazioni del nostro paese in Europa: prendendo a riferimento un medio periodo, si può tranquillamente affermare che, limitandosi ai quattro principali paesi, l'Italia aveva rapporti fortissimi con Germania e Francia (chi è primo, chi è secondo poco importa) e poi con Gran Bretagna e Spagna. La classifica, che non staremo qui ad argomentare, si riferisce al complesso dei rapporti diretti con questi paesi (culturali, commerciali, tecnologici, migratori) e alla complementarità o competitività delle rispettive aree di penetrazione. L'agenda di Berlusconi ha, con tutta evidenza, capovolto la classifica: prima la Spagna – per ragioni legate all'amicizia con Aznar – poi la Gran Bretagna – per la rincorsa all'amicizia con la Casa Bianca – poi Francia e Germania (chi è ultimo, chi è penultimo poco importa). Il conclusivo limite strutturale della politica personalizzata è che essa tende a sottovalutare, altrettanto strutturalmente, tutto ciò che non ha il rango di palcoscenico principale. Per un paese come il nostro, la cui rete diplomatica è la seconda al mondo per estensione e i cui interessi sono molto variegati così come lo è la presenza degli italiani nel mondo, questa impostazione rischia di inviare un impulso fortemente demotivante per quei solidi, quotidiani ma oscuri contatti che la diplomazia nazionale tesse in ogni angolo del globo.

A queste considerazioni di carattere generale, vanno aggiunte alcune caratteristiche peculiari della personalizzazione berlusconiana, senza le quali è impossibile esprimere una sintesi finale. Se non sapessimo di sfiorare il linguaggio della patologia, definiremmo queste caratteristiche delle vere e proprie ossessioni, poiché così insistita e distorta sembra essere l'attenzione del premier italiano.

Berlusconi esprime a più riprese il desiderio di una politica forte e volitiva che faccia "contare" di più il paese. Il retropensiero che muove queste considerazioni è che l'Italia di Prodi e di Ciampi, di D'Alema e di Amato sia stata un'Italia grigia e priva di identità, troppo confusa nel gruppone europeo. Dopo una sinistra debole e suddita, egli è in condizione di restituire orgoglio e visibilità al paese. Dice all'«Unità» nell'agosto del 2002: «Mi sono accorto che l'Italia era poco considerata. Ho telefonato ai leader degli altri paesi e gli ho detto: se fate così non contate più sull'Italia! L'atmosfera da quel momento cambiò».

Berlusconi sembra ossessionato dall'idea di superare un complesso di minorità, che lo faccia sentire dunque grande fra i grandi o – se va male – capace di garantire la mediazione fra i grandi, cui egli ha accesso, e gli altri. In questa ricerca si trova più a suo agio con gli affini, cioè con i non politici o con i politici non tradizionali, ed è anche questo che spiega – al di là della capacità di evocazione simbolica delle due ex superpotenze – la speciale sintonia che trova con George W. Bush e Vladimir Putin e la diffidenza che nutre verso l'atteggiamento sufficiente di Jacques Chirac.

Altrettanto ossessiva, in realtà figlia naturale della sua predisposizione di venditore, è l'idea di trasformare il paese nel cuore cerimoniale della politica internazionale. Si è parlato di "politica della sede", parafrasando la più tradizionale "politica della sedia"; qualcun altro ha coniato l'espressione "*catering diplomacy*", diplomazia del catering: la sostanza non cambia. Berlusconi riesce a ospitare a Pratica di Mare la firma del trattato sul Consiglio NATO a venti; Berlusconi offre l'Italia come sede di una conferenza sulla Palestina in cambio della disponibilità ad accettare i tredici palestinesi prigionieri nella

Basilica della Natività di Betlemme; Berlusconi si impegna strenuamente per ospitare a Roma la firma del nuovo trattato costituzionale europeo; fuori dall'ufficialità, Berlusconi ospita in Sardegna il presidente Putin; Berlusconi organizza il vertice del PPE sempre in una delle sue ville; Berlusconi cerca spasmodicamente nella campagna umbra un luogo dove sia possibile localizzare la Camp David italiana, il *buen retiro* ufficiale del presidente del Consiglio. Ogni evento, sia quelli già ospitati sia quelli prenotati, diventa occasione per fenomenali messe in scena che lasciano stupefatti gli ospiti stranieri.

Berlusconi, infine, è spesso preso da un'incontenibile furia oratoria, specie durante le occasioni internazionali. Per qualcuno questa furia è in realtà la scelta consapevole di un comunicatore professionista che riempie lo spazio, detta l'agenda, costringe così l'opposizione a inseguire, precisare, criticare, distinguersi ma la mette al tempo stesso nell'impossibilità di far conoscere la propria agenda; per altri è l'ossessione di stupire, di piacere e compiacere l'interlocutore, giornalista o uomo di governo che sia. È la vittoria della forma sulla sostanza, dell'annuncio sulla realizzazione, dell'immagine sulla coerenza.

Nella scena internazionale tutto questo dà vita a una politica estera immaginifica ed elementare, nella quale agende conflittuali si riallineano con una pacca sulla spalla, i confini dell'Unione Europea possono allargarsi indefinitamente anche se l'ospite non ha fatto alcuna domanda di ammissione al club, le cifre dell'aiuto allo sviluppo promesse dal presidente superano di sette volte la magra realtà del bilancio nazionale.

Scrive nelle sue memorie Gaetano Salvemini a proposito della politica estera di Mussolini che definiva se stesso "demiurgo della pace" e fece precipitare l'Italia nel secondo conflitto mondiale: «Quello che cercava erano successi immediati, poco importava se reali o apparenti, effimeri o duraturi, che gli servissero ad abbacinare le cosiddette masse, cioè permettessero ai giornali da lui assoldati in Italia e all'estero di cantare le sue glorie».

Il confronto fra i giudizi espressi dalla stampa internazionale al termine del semestre e la tradizionale conferenza stampa di fine anno del presidente del Consiglio rivela uno sconcertante confronto fra la realtà, che abbiamo raccontato fin qui, e la rappresentazione datane del Cavaliere.

La tendenza a personalizzare le relazioni nella politica internazionale ha inferto un duro colpo al metodo multilaterale, privilegiando conseguentemente i rapporti bilaterali.

Utilizzando alcune riflessioni svolte da Cesare Merlini, tra i più noti esperti di relazioni internazionali, cerchiamo di incastonare il nostro bilancio della politica estera di Berlusconi all'interno di un modello semplice delle relazioni internazionali.

Negli ultimi cinquant'anni, il mondo è vissuto secondo un modello bipolare; un modello bipolare un po' speciale, se è vero che non si è trattato di un'allegra e gioiosa coesistenza ma di una guerra fredda che, fortunatamente, non si è conclusa con una "guerra calda" bensì con il collasso di uno dei due giganti.

A un assetto bipolare sta seguendo oggi un mondo unipolare, ma è bene ricordare che il modello unipolare non è un ordine in sé: lo diviene soltanto se quel polo ha attitudini e capacità imperiali. Gli Stati Uniti di George W. Bush stanno dimostrando di avere la potenza necessaria ma non sufficiente a dispiegare un ordine imperiale.

Non resta allora che lavorare per un mondo multipolare, il quale non sarà, ancora una volta, un ordine in sé ma lo diventerà a condizione che vi sia un equilibrio, un *balance of power* fra i poli del mondo. È da qui, essenzialmente, oltre che da un'autonoma aspirazione, che nasce il bisogno per il mondo di un'Europa giocatore globale. Per creare alleanze simmetriche, però, è naturale che un paese intensifichi le relazioni con paesi omogenei. Raramente, secondo la teoria classica, ci si allea con paesi visibilmente più forti, proprio perché essi diventano difficilmente controllabili e riconducibili a un disegno condiviso.

Nei rapporti personali e bilaterali, invece, vale una regola diversa: tanto più è forte la mia controparte, tanto più questo valorizza la mia importanza. Applicato alle relazioni internazionali, questo approccio muove apparentemente da un'esigenza di orgoglio e dignità ma più spesso, come abbiamo visto nella cronaca di questo semestre, rivela una mentalità intrinsecamente subalterna.

Come argomenta Filippo Andreatta, una relazione subordinata con l'alleato americano non è utile né a noi né a loro per tre solide ragioni strutturali: l'Italia, specialmente dopo l'allargamento a Est, dopo l'11 settembre, dopo che il nuovo scacchiere caldo per motivi militari, energetici, etnici si è spostato in Asia centrale, è più importante per l'Europa che per gli Stati Uniti, che hanno dunque un limitato interesse strategico e geopolitico per il nostro paese; in seconda battuta, l'Italia non è in grado di far seguire a una politica troppo aperturista nei confronti delle esigenze americane una concreta messa a disposizione di risorse militari, strategiche, oppure politiche da offrire (la recente campagna in Iraq testimonia che perfino l'offerta di una solidarietà politica ha costretto Berlusconi a barcamenarsi in un'acrobatica diplomazia che tenesse conto dell'articolo 11 della Costituzione, del presidente della Repubblica, del papa, dell'orientamento dell'opinione pubblica); infine, il maggior valore aggiunto che il nostro paese è in grado di portare nell'amicizia con gli Stati Uniti sta proprio nella capacità di persuadere e influenzare l'Europa e nelle chiavi autonome di accesso al mosaico arabo e mediorientale: lo sanno bene i governi di centrosinistra, ad esempio, che sono stati capaci di riaprire canali diplomatici importanti, a nome dell'Europa e con la Casa Bianca costantemente informata, nei momenti politici più difficili dei rapporti con Iran, Algeria, Libia.

È l'Europa, però, la sede in cui si misura con maggior evidenza, anche in termini di pessimi risultati, la discontinuità della politica estera italiana. Il processo di integrazione europea ha marciato molto veloce negli ultimi quindici anni, ma mai per inerzia: l'Europa ha bisogno di motori, altrimenti si ferma. L'Italia è stata storicamente nel vagone di testa del convoglio europeo, per convinzione (magari retorica e superficiale ma comunque largamente condivisa), per convenienza (il vincolo esterno ha costituito per la nostra pigrizia un potente stimolo a modernizzarci e a innescare processi virtuosi), per ideale (l'Europa è anche un copione di successo che ha avuto molti grandi interpreti italiani).

In modo esplicito, sin dal primo tentativo del 1994, Berlusconi ha chiamato ad alte responsabilità di governo ministri, come Antonio Martino, che condividevano la frequentazione dei circoli euroscettici con Margaret Thatcher e ha complessivamente dato voce a un'Italia euroscettica, quando non eurofobica, rappresentata dalla Lega e da alcuni settori di Alleanza Nazionale, che hanno vissuto anche il recente processo di integrazione monetaria e istituzionale al massimo come un vincolo inevitabile, al minimo come una purga necessaria. Si potrebbe discutere se il dare voce e rappresentanza a una fetta del paese che non ama particolarmente l'Europa rappresenti a suo modo un altro aspetto, magari non gradito, della nostra normalizzazione rispetto agli altri paesi in cui i due diversi atteggiamenti si confrontano con minor retorica ma con maggior consapevolezza e durezza; qui importa rilevare che, per la prima volta, un presidente del Consiglio italiano si è avvicinato a questa materia per un complesso di obblighi, di convenienze, di ragioni tattiche, ma senza convinzioni profonde. Lo testimoniano, nel corso dei due anni, il graduale distacco politico dal nucleo dei fondatori, le numerose occasioni di convergenza in materia di politica europea con la Gran Bretagna, la strategia di seduzione politica dei nuovi membri dell'Europa orientale più sensibili al richiamo americano e più disponibili a un'Europa fattore di promozione economica che approdo di una nuova integrazione politica. Infine, *last but not least,* lo testimoniano le molte parole in libertà dedicate alla strategia di ulteriore allargamento dell'Unione. Quando il 10 agosto 2003 Berlusconi partecipa come ospite d'onore alle nozze del figlio di Recep Erdoğan, premier turco, si consolida un'amicizia personale che è iniziata immediatamente dopo la sua recente vittoria elettorale. Ed è questa amicizia che, in varie occasioni ufficiali, ha spinto il Cavaliere a farsi principale sponsor di una risposta positiva all'avvio dei negoziati di adesione della Turchia all'Unione. Non si tratta di un'invenzione di Berlusconi: la Turchia bussa da tempo alle porte dell'Europa. Si è aperto perciò un dibattito assai difficile sulla natura del progetto europeo: se si tratti di uno spazio cui possono aderire tutti coloro che sono in grado di raggiungere l'*acquis* comunitario, cioè i requisiti del sistema economico, legislativo, istituzionale, o se si tratti di una realtà avente dei confini naturali legati a una storia, a una identità, a un ruolo da svolgere nel mondo. In questo senso, la richiesta della Turchia, che fa parte fin dagli anni Cinquanta dell'alleanza della NATO, oltre a rilevanti questioni legate al trattamento delle minoranze e al rispetto dei diritti umani, apre una riflessione sull'Europa che ci sarà: il paese di Erdoğan è secondo per popolazione solo alla Germania, ha una larga maggioranza musulmana, confina direttamente con aree calde come l'Iraq, l'Iran, la Siria. Insomma, il dossier è spinoso e richiede parole misuratissime, poiché entro il 2004 l'Unione dovrà dare una qualche risposta. Perciò la disinvoltura con la quale il premier scambia le proprie amicizie per orientamenti politici internazionali, salvo convivere con il razzismo nemmeno strisciante della Lega, preoccupa a ragione. *Ad abundantiam*, l'argomento vale per i propositi di inclusione futura di Russia e Israele, anche se il tema viene trattato sotto il titolo alato di *wider Europe*: vale per le dimensioni demografiche e territoriali, per le diversità culturali, etniche, religiose evocate.

Se non si accetta la spiegazione della sequenza di queste ipotesi di allargamento con la tesi della politica semplice e grandiosa di un grande affabulatore e la si lega invece alla scarsa passione con cui il Cavaliere vive intanto l'Europa che c'è, si conclude che l'Europa di Silvio coincide in modo sospetto con l'Europa di George W., ovvero un grande spazio economico, che includa tutti gli alleati degli Stati Uniti, che abbia però un alto grado di diluizione politica tanto da poter scegliere, secondo convenienza, gli interlocutori più utili.

In sintesi, l'Italia di Berlusconi non ha visto crescere il proprio ruolo nelle sedi multilaterali. Non ci sono segni che la straordinaria amicizia personale con Bush e Putin abbia creato vantaggi bilaterali nuovi rispetto al passato. Semmai, anzi, il rapporto con i "grandi", nei momenti di divaricazione fra loro, ha prodotto per la diplomazia italiana equilibrismi insostenibili ma al tempo stesso inutili, dato che i due ex nemici hanno comunque mantenuto consuetudine di rapporti diretti. È venuto meno il ruolo possibile di paese "garante" nel rapporto fra i piccoli e i grandi europei; Gran Bretagna e Spagna, nuovi amici dell'Italia, hanno dimostrato di poter interloquire direttamente con Francia e Germania senza le mediazioni italiane; meno che mai è funzionata l'intenzione di esercitare un ruolo di mediazione fra i due "grandi" e le tradizionali "aristocrazie" politiche europee (decisamente sospettose del passato politico – e non solo – del Cavaliere) che avrebbe ricondotto di fatto e di diritto l'Italia nel direttorio dei grandi paesi. I rapporti speciali con il mondo arabo, infine, di cui l'Italia era depositaria, sono ridivenuti rapporti ordinari; anzi, a causa della non dimenticata dichiarazione di Berlino del settembre 2001 e dell'abbraccio alla politica del governo Sharon in Medioriente, sono al grado massimo di formalità e di attesa per ciò che sarà.

Il 2 gennaio 2004 il «Corriere della Sera» ha inaugurato l'anno con un fondo assai impegnativo di Tommaso Padoa Schioppa, che vale davvero la pena di riprendere per esteso nei suoi passaggi più importanti a conclusione di questo lavoro. Scrive il consigliere della BCE:

> Il 2003 è stato un *annus horribilis* perché i paesi più prosperi e potenti si sono applicati a scassare gli istituti su cui si era tentato di edificare la pace e la cooperazione internazionale dopo due guerre terribili. Non era mai accaduto che ciò avvenisse a opera di governi democraticamente eletti. Fatti del 2003: rottura dell'ONU a New York sulla questione irachena; rottura a Cancun dei negoziati sulla riforma del commercio internazionale; rottura a Bruxelles della conferenza sulla Costituzione europea; lacerazione del piano di pace in Medioriente; violazioni continue (in Afghanistan, Guantánamo, Cecenia, Iraq) della Convenzione di Ginevra sul trattamento dei prigionieri di guerra. E poco prima: abbandono del trattato di non proliferazione nucleare; revoca della firma posta al protocollo di Kyoto sull'effetto serra. La sopravvivenza della vita sul pianeta, il controllo di armi capaci di distruggere il mondo, la convivenza e l'incontro tra religioni e culture, l'esportazione di prodotti della terra e del lavoro umano per lenire la povertà estrema, il rispetto della dignità del nemi-

co in guerra, la ricerca di una forma politica per l'Europa non sono lussi riservati a chi abbia soddisfatto i bisogni domestici... Ma ciò che maggiormente inquieta, e sembra preludere a rovesci peggiori, è l'ottusa soddisfazione con cui i fatti avvenuti sono stati salutati da alcuni dei potenti che li hanno causati; inquieta l'elogio di intellettuali e osservatori che, in nome del realismo, vi hanno visto la meritata sconfitta di chi crede possibile un mondo di pace. Preoccupa, soprattutto, il rapporto fra quanto sta accadendo e l'istituto della democrazia. Come un tempo la vera religione o la superiore civiltà, così la democrazia sembra oggi diventare un prodotto per la cui esportazione si può invadere un paese... Chiusa nel recinto troppo angusto degli Stati, la democrazia sembra ergersi a ragione per rifiutare la cooperazione e le istituzioni internazionali. Nata come antidoto all'utopia di un governo fattore del bene supremo, e perciò assolutista e oppressore, rischia oggi di divenire essa stessa utopia, assolutismo, oppressione... Ai cittadini è affidato in ultima istanza il compito di far cessare la demolizione, riprendere la costruzione, consolidare la democrazia.

Nel mondo descritto con lucidità da Padoa Schioppa, il nostro paese, probabilmente più degli altri, ha tutto da perdere e nulla da guadagnare. È infatti nel campo multilaterale e nella costruzione paziente delle istituzioni internazionali, principalmente nel cantiere europeo, che il nostro paese ha espresso fino ad oggi le sue migliori capacità. Il quasi-manifesto di Padoa Schioppa sottintende per altro un altro importantissimo nodo teorico, che è stato al centro del dibattito nell'ultimo anno, ovvero la discussione su quale sia il fondamento ultimo delle decisioni di un paese sul proprio ruolo nelle relazioni internazionali.

La teoria dei neoconservatori americani e della destra in generale ha rivalutato l'interesse nazionale in sé come criterio di scelta politica, al punto da sovraordinarlo esplicitamente perfino ai principi di legalità internazionale ("Chi la elegge l'ONU?" è la domanda retorica che sostiene questa visione). Combinata all'esigenza di rispondere a un attacco terrorista e alla rivendicazione orgogliosa della propria grande forza per vincere un inedito senso di paura dei cittadini, la nuova teoria ha spinto l'amministrazione americana a riclassificare il grado di amicizia con i paesi del globo in base al grado di condivisione dei suoi obiettivi («è l'obiettivo che crea l'alleanza e non più l'alleanza che definisce l'obiettivo») e ad adottare una visione strategica del mondo che rimetteva in discussione lo status quo.

Gli europei, dopo due guerre mondiali e l'esperienza dei totalitarismi, hanno imbrigliato i propri interessi nazionali e i rischi di impazzimento delle proprie sovranità in un sistema di regole e istituzioni internazionali superiori e condivise. Da questa scelta di fondo, condivisa a lungo dagli americani stessi, Robert Kagan ha ricavato l'immagine di Marte e Venere per definire le diverse attitudini delle due sponde dell'Atlantico.

Senza demonizzare le scelte compiute in nome della nuova dottrina e senza idealizzare la risposta europea (spesso una non-risposta), è difficile però sostenere che il mondo gestito con questo approccio, sbrigativo e volitivo, ai rapporti internazionali abbia prodotto finora più pace e sicurezza. Perciò è lecito chiedersi se sia convenuto al nostro paese abbandonare la strada vecchia per la nuova e se quest'ultima non sia risultata in una crisi delle istituzioni che avevamo conosciuto finora.

Che una media potenza non riesca ad arginare una crisi, a invertire un processo nefasto, può stare nella logica dei fatti o dei rapporti di forza fra questi eventi e le proprie possibilità. Che invece un paese contribuisca, direttamente o indirettamente, alla sequenza che è stata richiamata da Padoa Schioppa, mostrando "l'ottusa soddisfazione" di cui si parla sopra, questo no, questo è evitabile e perciò diviene inaccettabile avervi partecipato.

C'è un solo vantaggio nella politica estera personalizzata di cui abbiamo finora parlato: gli effetti negativi prodotti durano meno poiché appunto sono legati alla permanenza al potere dei suoi protagonisti. Speriamo durino il meno possibile.

Indice dei nomi e delle cose notevoli

Indice

Collana «Le terre»

35. Richard Stengel, *Breve storia della piaggeria*, traduzione di Daniele Ballarini.

36. Tommaso Orsini, *Quintodecimo. I sogni dei fanatici, i paradisi delle sette.*

37. Seamus Heaney, *Beowulf*, a cura di Massimo Bacigalupo. Con un saggio di John R.R. Tolkien. Con testo inglese a fronte. (Poesia)

38. Joel Dyer, *Raccolti di rabbia*, traduzione di Pietro Meneghelli. (Interventi)

39. Anton La Guardia, *Terra Santa, guerra profana*, traduzione di Nazzareno Mataldi. (Interventi)

40. Nafeez Mosaddeq Ahmed, *Guerra alla libertà. Il ruolo dell'amministrazione Bush nell'attacco dell'11 settembre*, traduzione di Pietro Meneghelli. (Interventi) (3ª ed.)

41. Roberto Galaverni, *Dopo la poesia. Saggi sui contemporanei.* (Scritture)

42. Pier Luigi Celli, *Breviario di cinismo ben temperato*, presentazione di Domenico De Masi. (Scritture)

43. Filippo Tuena, *La passione dell'error mio. Il carteggio di Michelangelo. Lettere scelte 1532-1564.* (Scritture)

44. Gore Vidal, *Le menzogne dell'impero e altre tristi verità. Perché la* junta *petroliera Cheney-Bush vuole la guerra con l'Iraq e altri saggi*, traduzione di Luca Scarlini e Laura Pugno. (Interventi) (3ª ed.)

45. Philippe Beaussant, *Anche il Re Sole sorge al mattino. Una giornata di Luigi* XIV, prefazione di Giuliano Ferrara. Traduzione di Laura Pugno. (Scritture)

46. Alessandro Spaventa - Fabrizio Saulini, *American Lies. Ascesa e caduta della Enron*. (Interventi)

47. Ekkehart Krippendorff, *L'arte di non essere governati. Poli-*

tica etica da Socrate a Mozart, traduzione di Vinicio Parma. (Pensiero)

48. Dag Tessore, *La mistica della guerra. Spiritualità delle armi nel cristianesimo e nell'islam*, prefazione di Franco Cardini. (Civiltà)

49. Jacques Allaman, *Cecenia. Ovvero, l'irresistibile ascesa di Vladimir Putin*, traduzione di Giuliano Cianfrocca. (Interventi)

50. Antonio Monda, *La magnifica illusione. Un viaggio nel cinema americano*. (Scritture)

51. Nafeez Mosaddeq Ahmed, *Dominio. La guerra americana all'Iraq e il genocidio umanitario*, traduzione di Thomas Fazi, Andreina Lombardi Bom, Nazzareno Mataldi, Pietro Meneghelli, Vincenzo Ostuni e Isabella Zani. (Interventi).

52. Mario Gamba, *Questa sera o mai. Storie di musica contemporanea*. (Scritture)

53. Christopher Hitchens, *Processo a Henry Kissinger*, traduzione di Marco Pettenello. (Interventi)

54. James Wilson, *La terra piangerà. Le tribù native americane dalla preistoria ai nostri giorni*, traduzione di Alberto Bracci Testasecca. (Civiltà)

55. Baruch Kimmerling, *Politicidio. Ariel Sharon e i palestinesi*, traduzione di Elisa Bonaiuti. (Interventi)

56. Colm Tóibín, *Amore in un tempo oscuro. Vite gay da Wilde ad Almodóvar*, traduzione di Pietro Meneghelli. (Scritture)

57. Robert Nozick, *Invarianze. La struttura del mondo oggettivo*, introduzione di Sebastiano Maffettone. Traduzione di Gianfranco Pellegrino. (Pensiero)

58. Manlio Dinucci, *Il potere nucleare*, prefazione di Giulietto Chiesa. (Interventi)

59. Rita Di Giovacchino, *Il libro nero della Prima Repubblica*, prefazione di Massimo Brutti, con un'intervista a Giovanni Pellegrino. (Interventi)

60. Clyde V. Prestowitz, *Stato canaglia. La follia dell'unilateralismo americano*, traduzione di Irene Floriani. (Interventi)

61. Will Hutton, *Europa Vs.* USA. *Perché la nostra economia è più efficiente e la nostra società più equa*, prefazione di Guido Rossi, con un saggio di Massimo Panarari. Traduzione di Fabrizio Saulini. (Interventi)

62. Gianfranco Fini, *L'Europa che verrà. Il destino del continente e il ruolo dell'Italia*, a cura di Carlo Fusi, prefazione di Giuliano Amato. (Interventi)

63. Thomas Cahill, *Desiderio delle colline eterne. Il mondo prima e dopo Gesù*, traduzione di Nazzareno Mataldi. (Civiltà)

64. William Blum, *Il libro nero degli Stati Uniti*, con un aggiornamento di Nafeez Mossadeq Ahmed. Traduzione di Giorgio Bizzi, Maria Fausta Marino, Riccardo Masini, Chiara Vatteroni e Isabella Zani. (Interventi)

65. Alessandro Spaventa - Fabrizio Saulini, *Divide et impera. La strategia dei neoconservatori per dividere l'Europa*. (Interventi)

66. Gore Vidal, *Il canarino e la miniera. Saggi letterari 1956-2000*, postfazione di Claudio Magris. Traduzione di Stefano Tummolini. (Scritture)

67. James Bamford, *L'orecchio di Dio. Anatomia e storia della National Security Agency*, traduzione di Riccardo Masini. (Interventi)

68. Tariq Ali, *Bush in Babilonia. La ricolonizzazione dell'Iraq*, traduzione di Francesca Minutiello. (Interventi)

69. Klaus K. Klostermaier, *Induismo. Una introduzione*, traduzione di Mimma Congedo. (Civiltà)

70. John H. Berthrong - Evelyn Nagai Berthrong, *Confucianesimo. Una introduzione*, traduzione di Marcello Ghilardi. (Civiltà)

71. Hilary Putnam, *Fatto/Valore. Fine di una dicotomia*, traduzione di Gianfranco Pellegrino. (Pensiero)

72. Lapo Pistelli - Guelfo Fiore, *Semestre nero. Berlusconi e la politica estera*, prefazione di Lucio Caracciolo. (Interventi)

Finito di stampare
nel mese di febbraio 2004
dalla tipografia Graffiti srl
Via Catania, 8 Pavona (Albano - Roma)
per conto di
Fazi Editore